KB031679

바뇨니의 아동교육론
童幼教育

바뇨니의 아동교육론
童幼教育

2015년 9월 1일 초판 인쇄
2015년 9월 5일 초판 발행

지은이 | 알폰소 바뇨니
옮긴이 | 김귀성
펴낸이 | 이찬규
펴낸곳 | 북코리아
등록번호 | 제03-01240호
주소 | 462-807 경기도 성남시 중원구 사기막골로 45번길 14
우림2차 A동 1007호
전화 | 02-704-7840
팩스 | 02-704-7848
이메일 | sunhaksa@korea.com
홈페이지 | www.북코리아.kr
ISBN | 978-89-6324-415-0 (03370)

값 15,000원

* 본서의 무단복제를 금하며, 잘못된 책은 구입처에서 바꾸어 드립니다.

* 이 도서의 국립중앙도서관 출판예정도서목록(CIP)은 서지정보유통지원시스템 홈페이지(http://seoji.nl.go.kr)와 국가자료공동목록시스템(http://www.nl.go.kr/kolisnet)에서 이용하실 수 있습니다. (CIP제어번호: CIP2015023713)

바뇨니의 아동교육론

童幼教育

동유교육

알폰소 바뇨니 지음
김귀성 옮김

북코리아

서문

서양에서 온 전교사 바뇨니(A. P. Vagnoni, 高一志, 1566-1640)는 이탈리아 출신의 가톨릭 사제이다. 그는 중국의 섬서성과 감숙성 지역(東雍)에 8여 년을 살면서 천주교 관련 서적 십수 권을 저술했다. 그는 서양의 윤리학(Ethics, 厄弟加)을 자신의 인격도야와 가정 및 사회를 다스리는 수제치평(修齊治平)의 학문이라고 옮기면서 이를 철학(Philosophy, 斐祿所費亞)의 오대 영역 중의 하나로 삼았다. 그리고 동유교육을 또한 제가(齊家)의 한 분야로 여겼다.

저자인 바뇨니는 아동교육에 관한 원고가 완성된 후 여동(與同), 구장(九章) 그리고 양자인 나로 하여금 함께 아홉 장으로 구성된 원고 내용 중 잘못된 글자의 수정, 보완을 마치게 하면서 서문에서 이 책에 대하여 다음과 같이 말하였다. "이 책은 아동만을 위해서 쓴 것은 아니다. 여기에는 자신의 인격도야와 가정과 국가를 잘 다스리고 세상을 평안하게 하는 것이 모두 담겨 있다. 서구의 학문과 중국의 유학에는 서로 같은 부분이 있다. 예전의 교육을 보면 그렇다. 가정에는 숙(塾), 고을에는 상(庠), 조금 넓은 지역에는 서(序), 수도에는 학교가 있었다."[1]

임신한 사람에게는 태교가 있었고 아이가 출생하면 보모를 선택하여 그를 스승 삼아 가르쳤다. 또한 아이들이 음식을 먹고 말하는 것으로부터 밖에서 선생님께 교육받는 것 등의 교육하는 순서와 자세한 교육 프로그램 내용에 대해 수많은 학자들이 언급하고 기록한 바가 대략 일치한다. 여러 유학자들의 서적을 탐구해 보면 당시에 미풍양속이 대채로 이와 같다는 것을 알 수 있다. 성인은 『소학』이라는 책을 쓰지 않았고 전하지도 않았다. 진(秦)나라 때에는 신불해(申不害, BC ?-337)와 한비자(韓非子, 280-233)라는 법가의 인물을 기용했고, 한(漢)나라 때에는 법가와 도가를 존숭했다. 그리고 진(晉)나라 때는 노장사상을 숭상했으며 당(唐)나라 때는 시의 격식에 맞춰 그 적응력을 평가하는 사부(詞賦)라는 시험으로 인재를 발탁했다. 따라서 옛 사람의 교육 방책은 이런 어린이 교육 분야를 돌아보지 않았다.

조광윤(趙匡胤, 927-976)과 송대 염락(濂洛: 송나라 때 주돈이(濂學)와 사마광, 정호, 정이, 장재(洛學) 등을 함께 일컫는 말)을 비롯한 여러 유학자들이 의연히 옛것을 다시 회복하고 주자(朱子, 1130-1200)는 경을 모아 『소학』이라고 하여 전함으로써 삼대(夏, 殷, 周) 이래 손실된 것을 보완하니 기쁘기 그지없다. 오늘날 사람들이 스승의 가르침을 인문학에만 제한하고 이를 오직 입신출세를 위한 과거 합격을 일생의 과업으로 삼을 뿐 『소학』의 가르침은 거들떠보지 않았다. 하물며 서구 사람이 보기에도 이 분야는 텅 빈 것 같은 의문을 갖게 한다.

바뇨니 선생의 『동유교육』 저술 내용은 주자의 그것(『소학』)

에 부합되는 내용이 많다. 그러나 중복되고 호사스러운 말은 피하고 깊이 숨겨진 이치는 탐구하여 마침내 예전의 아름다운 글이 후대 사람들에게 모범이 되게 할 뿐만 아니라 선각자들도 역시 그렇게 했다. 천주를 경외하는 것은 더욱이 서양에서 중국에 전해준 첫 번째 가르침이다. 이런 가르침과 주자의 『소학』 경신(敬身: 몸을 공경하라는 가르침을 담은 내용) 편은 큰 차이가 없다. 허 문정공(許衡, 1209-1281)이 지은 『소학』이라는 책을 나는 신이 밝혀준 것처럼 믿고 공경하기를 부모 섬기듯 했다. 나는 바뇨니 선생의 이 책이 조정에서 백관제후의 가르침으로부터 일반인의 교육에 이르기까지 널리 교사로 삼게 되기를 바란다. 삼십 년 후에 평화로운 세상이 되면 이 책을 윤리학 전서라고 말할 수 있을 것이다.

우암거사(寓菴居士) 한림(韓霖) 쓰다.

童幼教育[2]序

西儒[3]高則聖[4]先生, 居東雍[5]八年, 所著天學之書以十數[6]. 其厄弟加之學[7], 譯言修齊治平者, 爲斐祿所費亞之第五支[8], 童幼教育又齊家中之一支也[9]. 稿成先生俾與同[10], 九章[11], 假子[12], 訂付剞劂, 工竣, 僭爲序曰, 此非獨童幼書也, 修齊治平盡在是矣. 粤惟西儒之學, 與吾儒同, 古之教者, 家有塾黨有庠術有序[13]國有學, 娠子有胎教, 生子擇於保母與可者而師之. 自能食能言, 至出就外傳, 其教誨之序, 節目之詳, 若戴記弟子職諸書, 斑斑可考, 當時治隆風美, 率是道也. 聖人不作而小學之書亦不傳, 秦用申[14]韓[15], 漢宗黄老[16], 晉尚清談[17], 唐取詞賦[18], 古人教育之方邈不復睹矣.

趙宋濂洛[19]諸儒毅然復古, 朱晦翁蒐輯經傳爲小學, 補亡三代以來, 空谷足音[20]也. 今人父師之教, 止於爲文, 取科第八股[21], 鮮華一生溫飽, 小學之書, 皓首未見, 況肯從西極之人爲空同之問哉. 先生之言於晦翁之書[22]亦多符合, 但其摛好辭於重舌, 探藏理於終古, 匪獨後生之模範, 盖亦前覺之功臣矣. 而敬畏天主尤西來第一宗旨, 晦翁敬身之篇[23], 尚隔一層, 許文正公[24], 小學之書, 吾信之如神明, 敬之如父母. 余於先生此書, 欲自朝廷儲訓, 以至閭巷蒙求, 莫不以爲蓍蔡[25]爲師保, 三十年後可致太平, 雖謂, 此書爲厄弟加之全書可也. 寓菴居士 韓霖[26] 題.

교열

교규(教規)에 따르면 경전과 모든 서적의 번역을 마치면 세 차례에 걸쳐 자세히 검토한 다음 비로소 간행에 부칠 수 있게 되어 있다. 따라서 여기에 함께 교열을 본 사람의 이름을 적어 두는 바이다.

공동교정(예수회 동료)

페리에라(P. Gaspard Ferriera, 費奇規, 1571-1649)

롱고바르디(Nicolaus Longobardi, 龍華民, 1559-1654)

테렌츠(Joannes Terrenz, 鄧玉函, 1576-1630)

치회(值會)

디아즈(Emmanuel Diaz, 陽瑪諾, 1574-1659) 비준하다.

遵教規凡譯經典諸書, 必三次看詳方允付梓, 茲竝鐫訂閱姓氏於後.[27]

耶蘇會中同學 費奇規[28], 龍華民[29], 鄧玉函[30] 共訂.

值會[31] 陽瑪諾[32] 准.

註

1 『禮記』 學記에 "古之教者 家有塾, 黨有庠, 術有序, 國有學"이라고 되어 있다. 여기서 家는 스물다섯 집으로 이루어지는 閭(마을)를 말한다. 이 閭에 들어가는 문에 塾(글방)을 두었다. 농한기에는 閭의 장로가 塾에 머물며 조석으로 촌민이 출입할 때 지도를 했다고 함. 閭와 黨은 고을의 단위로 오백 집을 黨이라고 하고 庠은 그곳의 학교를 이른다. 術은 遂(교외 백 리에서 이백 리 간의 閭를 말함)를 말함. 國은 천자 제후가 있는 수도를 이른다.

2 『동유교육』은 1620년 바뇨니가 중국에서 서구의 아동교육에 관하여 소개한 한역필사본으로 15세기 무렵 서구의 아동교육을 담고 있다. 일반적으로 동(童)은 7-12세, 유(幼)는 4-6세를 지칭하나 여기서 동유(童幼)는 그보다는 폭넓은 발달단계의 아동이라는 개념으로 이해하는 것이 적절하다고 판단된다. 목판본에는 서문이 발견되지 않았다.

3 서유(西儒)는 로마 가톨릭 성직자를 중국의 유가 선비에 비유하여 표현한 것임.

4 高則聖은 바뇨니(A. P. Vagnoni, 高一志, 1566-1640)를 뜻함. 그가 가톨릭 신부인 점을 고려하여 중국인명처럼 부여한 字임, 중국에 도착한 초기에는 王豊肅, 一元 등의 중국명을 가졌으나 남경교난 후에 高一志로 바꿨다. 『文淵閣四庫全書』 山西通志에서 보면 "學銃法於高則聖務爲當世有用之士"라고 하여 韓霖이 총법을 고칙성에게서 배웠다고 하고 있음.

5 東雍에서 옹(雍)은 雍州로 예전에는 협서의 舊 漢中, 興安, 商州, 감숙의 階州 등지를 일컬었다. 오늘날 협서, 감숙, 섬서성, 청해 額濟納 등 지역임.

6 李芝藻의 『天學初函』에 의하면 天學은 理와 器, 즉 가톨릭과 서구 근대과학 관련 내용을 모두 망라한 학문으로 이해된다. 한편 이런 천학을 담은 서적을 한역서학서라고 한다. 바뇨니가 1620-1633년에 저술한 한역서학서는 열다섯 종이 된다. 이 중 아홉 종이 조선에 전래된 것으로 기록되고 있다. 아홉 종은 『童幼教育』(1620), 『達道紀言』, 『斐錄答彙』, 『譬警語』, 『勵

學古言』, 『天主聖教四末論』, 『修身西學』, 『齊家西學』(1630), 『寰宇始末』이다. 이들 한역서학서는 정조6년(1782) 이전에 전래되었을 것으로 본다(『外奎章閣奉安冊寶譜略誌狀御製筆及藏置書籍形止案』 乾隆47년: 정조6년: 1782). 그러나 1791년 서학서 소각령에 따라 대두분의 한역서학서가 소실됨.

7 서양의 윤리학(Ethics, 厄弟加)을 의미. 알레니(G. Aleni)의 『西學凡』에서는 察義理之學이라고 정의함.

8 철학(Philosophy, 斐祿所費亞)의 오대 영역의 한 분야로 당시 서양학문에 대한 소개서인 G. Aleni가 지은 『서학범』에서는 철학의 하위 영역을 논리학, 형이상학, 자연과학, 기하학, 윤리학 등 오대 분야로 분류하고 있음(G. Aleni(김귀성 역), 『17세기 조선에 소개된 서구교육』, 원미사, 2001, 24-32쪽).

9 바뇨니가 쓴 다른 저서 중 『齊家西學』(1630) 다섯 권이 있다. 이 중 2, 3권이 齊童幼, 즉 동유교육에 관한 내용이다. 바뇨니는 『제가서학』 맨 앞에 제가에 속하는 범주를 네 가지(修身之學備矣, 次以齊家 厥屬有夫婦 子女 僕婢 甸徒之四者 理家乃齊焉)로 분류하면서 부부를 맨 먼저 들고 이어서 자녀를 든 것으로 보아 동유교육도 제가의 범주에 포함시킨 것으로 본다.

10 여기서 與同은 晋絳(진강)의 字. 진강은 『동유교육』의 교열을 맡음.

11 九章은 殷袞(단곤)의 字. 단곤 역시 『동유교육』의 교열을 맡음.

12 한림 자신이 바뇨니의 양자(假子)임을 뜻함.

13 여기서 塾, 庠, 序, 學은 예는 『禮記』, 學記의 글을 인용한 것(古之教者 家有塾, 党有庠, 術有序 國有學)으로 본다. 毛奇齡은 『學校問』에서 鄉校, 州序, 党庠, 家塾으로 말하고 있음.

14 신불해(申不害, BC ?-337): 전국시대 한의 대신, 법가의 대표적인 인물.

15 한비자(韓非子, BC 280-233): 유가의 덕치주의에 대하여 법치주의를 표방한 전국 말기의 법가사상가.

16 황로(黃老)는 黃帝와 老子를 가리킨다. 황제는 실존 여부가 의심스러운 중국 최고의 제왕으로 법칙의 발견자라고 한다. 따라서 법률의 제정자로서 법가사상을 상징하며 노자는 도가의 시조로 허심, 무위의 심술로 잘 알려져 있음. 따라서 법가와 도가를 일컫는 뜻임.

17 진(秦)대에는 청담을 숭상했는데 여기서 淸談은 세속적인 것을 떠나 맑고 깨끗한 담론, 즉 위진시대에 노장사상을 숭상하고 유교를 비하하면서 다만 空理를 일삼는 기풍을 의미함.

18 唐대에 실시된 과거시험에 貼經, 墨義, 구술시험, 策問, 試賦가 있었다. 詞賦는 바로 시부시를 의미함. 시의 격식에 맞춰 그 적응력을 재는 시험으로 명청대는 형식주의에 빠진 八股試로 변질됨.

19 염락(濂洛)은 송대 주렴계(周濂溪, 1017-1073)의 濂學과 낙양(洛陽)의 소옹(邵雍, 1011-1077), 사마광, 정호(程顥, 1032-1085), 정이(程頤, 1033-1107), 장재(張載, 1020-1077) 등의 洛學을 통칭하여 일컫는 말.

20 쓸쓸한 골짜기에서 사람을 만난 기쁨, 즉 자신과 같은 의견이나 학설을 들었을 때의 기쁨을 비유한 말.

21 팔고시(八股試)는 명대 중엽 이후 문관 등용시험에 쓰인 문체로, 글 결구는 대구법에 의해 여덟으로 나뉨.

22 주자의 저서는 곧 擁正5년(1727)에 지은 『소학』을 말한다. 『소학』 서문에 보면 "其言約其理該盖六經四子性理諸書之階梯也."라고 하여 육경(六經: 易經, 書經, 詩經, 春秋, 禮記, 樂記)과 사자(四子: 孔子, 曾子, 子思, 孟子)의 성리학 관련 서적(대학, 논어, 맹자, 중용)으로부터 그 핵심 내용을 순서에 맞게 정리했다고 밝히고 있음.

23 주자 『소학』 내편 경신 제3에 보면 "敬身者 敬以持身也"라 하였고, 許文正

公은 "敬身之目其別有四 心術威儀衣服飮食"이라고 함.

24 허 문정공(許衡, 1209-1281)은 원대의 유학자로 주자의 『소학』을 근본으로 『소학』과 사서에 대해 존경하고 신뢰하기를 하늘과 땅의 신령과 같이 했다. 그는 『소학대의』에서 『소학』에 대해 이렇게 말하고 있다. "古者民生八歲上自王公下至庶人之子弟 皆令入小學教之以灑掃應對進退之節禮樂射御書數之文"(『欽定四庫全書』 集部, 제1198책, 魯齊遺書 권3, 1198-307).

25 "蓍蔡"는 덕이 높고 신망을 받는 사람을 비유한 것임.

26 한림(韓霖, 1596-1649?): 字가 雨公, 號 寓菴, 絳州人, 가톨릭 세례명은 토머스(Thomas, 多黙)(文淵閣四庫全書, 史部, 地理類, 都會郡縣之屬, 山西通志 卷140). 天啓辛酉(1621)에 擧人이 되었고 문장에 기이한 기운이 감돈다고 전해짐.

27 『齊家西學』 권2 齊童幼의 내용과 동유교육의 내용이 대동소이한데도 교열자의 이름에 차이가 발견된다. 즉, 제동유 서문에 공동으로 교정자 명단을 보면 虞城 楊天精이 추가된 점이다.

28 페리에라(P. Gaspard Ferriera, 費奇規, 1571-1649): 포르투갈인, 1517년 15세에 예수회 가입, 1593년 인도에서 교수, 1603년 남경 도착, 1616년 남경교난, 강서지역에서 선교, 『週年主保聖人單』, 『瑰玫經 15端』, 『振心總牘』 1권 등 저서가 있음.

29 롱고바르디(Nicolaus Longobardi, 龍華民, 1559-1654): 이탈리아 출신, 1582년 예수회 입회, 1597년 중국 도착, 韶州 전교 1609년 마테오리치 서거로 중국예수회장을 수행, 1654년 북경에서 사망.

30 테렌츠(Joannes Terrenz, 鄧玉函, 1576-1630): 스위스인, 독일어 · 불어 · 영어 · 스페인어에 능통, 1618년 중국에 옴, 항주에서 교난을 피하다 조정의 부름을 받아 修曆을 돕기도 했다. 1630년 북경에서 사망.

31 値會는 예수회의 출판 담당 사제를 뜻함.

32 디아즈(Emmanuel Diaz, 陽瑪諾, 1574-1659): 1547년 포르투갈에서 출생, 마카오에서 신학을 6여 년간 교수하다 1611년 소주 전교를 명받아 중국에 도착, 1616년 남경교난으로 잠시 피난, 5년 후 다시 북경에 부임, 1623년 예수회 중국성구회장 역임, 1659년 항주에서 사망.

차례

동유교육 하권

일러두기

1. 이 역서는 鐘鳴旦 · 杜鼎克 · 黃一農 · 祝平一 等 編(1996), 『徐家匯藏書樓明淸天主教文獻』, 臺北: 輔仁大學神學院, Vol. 1, 2, Chinese Christian Texts from the Zikawei Library 속의 『童幼教育』 필사본을 저본으로 하였다. 다만, 목판본(鐘鳴旦 · 杜鼎克 · 蒙曦 等 編(2009), 『法國國家圖書館明淸天主教文獻』, 臺北: 臺北利氏學社, 2009, Vol. 1, Chinese Christian Texts from the National library of France)은 번역에 도움을 받기 위해 비교 또는 참고의 대상으로 삼았다.

2. 매 장마다 단락을 나눈 일련번호를 붙였다. 이는 독자의 편의를 위해 가급적 일정한 단락으로 나눈 것이다.

3. 인명은 '한글(영문, 한어, 생몰연대)' 순으로, 지명은 '한글(영문, 한어)' 순으로 표기했다. 한어는 17세기 외국어에 대한 한어표기법에 따랐다. 따라서 오늘날 한어로 옮긴 것과는 차이가 있을 수 있다.
   예) 소크라테스(Socrates, 束格辣德, BC 469-399),
       현대한어 표기로는 蘇格拉底.

4. 번역 과정에서 독자들의 이해가 필요한 부분은 역자가 미주 형태로 부연설명을 제시하였다.

5. 이자체의 검색은 臺灣 교육부의 本字典首頁網址(http://dict.variants.moe.edu.tw)와 한국고전번역원의 이자체 정보(www.itkc.or.kr)를 참고했다.

6. 본문 가운데 ( )의 것은 法國國家圖書館明淸天主教文獻(CCTNLF: 2009) 목판본 『齊家西學』 3권(『동유교육』 하권)의 내용임.

7. 우리말로 옮긴 내용 가운데 한글(한자)를 병기한 것은 독자의 이해를 돕기 위한 것이다. 다만, 괄호 속의 한자는 원문 그대로 표기했고 이들 간의 의미상 차이는 없다. 예를 들어, 21쪽의 '혼인(婚媾)'이나 22쪽의 '조혼(蚤婚)' 등은 한글과 한자가 일치하지는 않지만 의미는 동일하다.

동유교육 상권

童幼教育

서양 예수회 전교사 고일지(高一志) 쓰고,

진강(晉絳)[1], 단곤(段衮)[2], 한림(韓霖)이 교열하다.

教育之原

1 교육의 근원

1.1

집을 짓는 사람은 기초를 잘 다져야 하고, 농사를 짓는 사람은 땅을 잘 개간해야 하듯이, 어린이를 양육하는 데 있어서 부모는 반드시 그 기초가 된다. 대체로 자녀는 부모의 정혈(精血: 맑은 피)로 이루어진다. 부모 심성의 맑고 탁함과 행실의 바르고 삿됨이 모두 그 자녀에게 유전적인 인자로 전해진다. 그러므로 지혜로운 자는 자녀가 출생 후 그 부모의 덕망과 사업을 물려받지 못하는 불초함을 모면하기 위해 반드시 혼인의 초기부터 신중히 했다.

혼인(婚媾)[3]을 하게 되는 처음에 신중히 해야 할 세 가지가 있다. 첫째는 배우자를 만나는 시기요, 둘째는 배우자를 선택함이요,[4] 셋째는 바르게 교제하는 것이다. 이 세 가지 조건 가운데 하나라도 부족하면 자녀교육에 문제가 생기게 된다.

造室者先築其基, 佃田者先墾其地, 養育之道, 必二親爲基地. 盖子者父母之精血也. 父母之淸濁正邪, 大都傳於所遺之種. 故智者欲免後之不肖, 必愼於婚媾之初, 而愼之道有三, 一曰配以時, 二曰擇以賢, 三曰交以正, 三者廢一而教育之道病矣.

1.2

대체로 혼인을 하여 자녀를 양육하기 위해서는 반드시 먼저 그 혼인이 적절한 때에 이루어져야 한다. 부득이 조혼(蚤婚)[5]을 하게 되면 자녀교육의 기초가 크게 해를 입게 된다. 그러므로 새들도 알맞은 때가 오기 전까지는 울지 않고 짝을 맺지 않는다. 하물며 인간이 마땅히 그런 시기를 놓칠 수 있겠는가.[6]

대개 자녀의 양육은 부모의 힘과 기운에 영향을 받아 이루어진다. 힘은 나이가 들어감에 따라 길러지고 기운은 때에 따라 맑아지기 마련이다. 그런데 부모가 아직 그 힘이 쌓이지 않았을 뿐 아니라 맑은 기력도 축적되지 않은 상태라면 어떻게 제대로 자녀를 양육할 수 있겠는가.

일찍 배우자를 맞이했거나, 여러 해 출산을 못하거나, 출산은 했어도 아이가 허약하여 생존할 수 없는 경우를 보자. 이는 비유컨대 종자가 아직 충실하지 않은 곡식을 파종한 것과 같다. 부실한 종자를 파종하면 싹이 나오지 않거나 나온다 하여도 이내 쉽게 말라버릴 것이다. 무릇 어린이 생육의 대도(大道)가 이러한

데 아들을 얻기에 급급한 나머지 혼인을 서둘러 후대를 잇고자 한다면[7] 오히려 후사를 망치고 만다. 이 또한 어리석은 일이 어닌가. 부모가 요행에 의지한다면 어떻게 올바른 방법으로 자녀교육을 할 수 있겠는가. 또한 부모가 자신의 몸을 제대로 다스릴 수 없다면 어떻게 자녀를 바르게 가르칠 수 있겠는가.

그러므로 서양의 철학자들은 혼인으로 배우자를 정하기 알맞은 시기를 남자는 30세, 여자는 20세로 정해놓았다.[8] 비록 오늘날 예전의 예법을 그대로 따를 수는 없겠지만 멀리할 수만도 없는 일이다. 남녀가 이때에 이르면 혈기가 맑게 응축되어 아이를 낳아 기르기에 충분하며, 사욕 없는 공명정대한 마음가짐으로 자녀를 가르치고 훈도할 수 있게 된다. 그러므로 후대에 미숙한 자가 적은 것은 예법을 잘 따라 혼인이 적절한 때에 이루어졌기 때문이리라.[9]

凡婚娶而計養育, 必俟其時之, 旣至不得蚤婚, 基大害, 彼飛走猶然, 重期不至, 弗鳴弗配, 而人可失當然之時乎. 盖養育主於力與氣, 力因年而長, 氣依時而清, 使未積其力之固, 未儲其力之清, 養育之功得成乎. 嘗觀早娶者, 或數年不産, 或所産之子, 弱不能存, 比之穀種, 非其熟満而播之, 必不生, 卽生亦易壞也. 夫生育大道, 乃急急爲子受室, 欲以繼嗣, 反以乏嗣, 不亦愚哉. 卽童幼之夫婦, 僥倖而養, 亦安能授以義方. 盖夫婦童幼, 未能治身, 安能教子. 故吾西先哲定婚配之時, 男以三旬, 女以二旬, 今難不盡依古法, 然亦未甚相遠, 男女當是時, 血氣淸凝, 足以生養, 心志光明, 足以教訓, 故乏後者少, 率是道也.

1.3

남녀 간에 혼인을 하는 데 있어 오직 외모만을 중시해서는 안 된다.[10] 오히려 마땅히 헤아려 균형을 맞춰야 할 것 두 가지가 있는데 그것은 몸과 마음이다.[11]

먼저 혼인에 있어 몸으로 남녀가 서로 짝을 지어 결합한다. 이때에 대개 나이 많은 부인이 젊은 남자를 얻고자 하는 경우가 있지만, 사실 부끄러워해야 할 것은 나이 많은 남자가 젊은 아내를 얻는 경우이다.[12] 이런 경우 젊은 아내가 비록 아이를 낳아 기를 수 있지만 그렇게 할 수 없는 사람도 많다.

다음으로 조심할 것은 남자와 여자 피차간의 정신[13]이다. 벌레 먹은 과일의 씨를 땅에 심으면 그것이 나올 때 싹과 이삭, 꽃, 열매가 모두 그와 같이 나오게 된다. 단지 곡식과 꽃만이 아니라 모두 다 그렇다. 선조의 좋은 유전자를 전하려고 한다면 이를 삼가지 않을 수 있으리오.

婚姻之道不惟其美, 惟其稱, 所謂稱者有二焉. 於身於志. 身者相配合者也. 盖老婦得少夫, 固爲可醜, 卽老夫得少妻, 雖有時能成生育之功, 然不能成者多矣. 次所當愼者卽彼此之精神也. 果核爲蟲所蝕, 植諸地中, 其出也. 苗秀花實多如之, 惟穀惟花 無不皆然, 獨至於傳先祖之美種 卽不加毖乎.

1.4

집안에 나쁜 질병이 전해 내려와 다시 일어서지 못하는 사람들을 종종 볼 수 있다. 조심하지 않을 수 있겠는가. 이미 나이가 들어 부부의 인연으로 결합했다면 혈기를 맑게 해야 한다. 또한 여성이 화목하게 어울리는 성격을 가졌는가도 살펴보아야 한다. 거울을 사고자 할 때 먼저 그 거울이 바른 모습을 보여주는지 살펴보아야지 거울의 아름다움과 값어치만을 보아서는 아니 된다. 어찌 혼인을 하고자 하는 사람이 여성의 아름답고 귀함만을 생각하고, 그 성품이 온순하고 화합하는 지는 살피지 않을 수 있겠는가?

예전에 서양의 한 현인에게 다음과 같은 이야기를 들은 바 있다. 유명한 신료가 아내를 맞이하는데 그 상대가 매우 아름답고 귀하지만 덕이 없다는 것을 듣고서 한탄하여 말하기를 "그런 부인은 남편의 주인(섬겨야 할 사람)일 뿐이다"라고 하였다.[14] 그런 혼인은 단지 눈에 보이는 것에 따랐을 뿐이다. 어찌 부인을 얻었다고 말할 수 있는가. 세상에 재앙(妖孼)[15]의 조짐이 모두 남녀 간에 두 기운의 불화로 인하여 일어난다. 그러므로 부부간의 성격이 맞지 않아 화목하지 않으면 자녀 양육도 할 수 없게 된다.

常(嘗)見人家相承惡疾, 不能復立者, 種種也, 可不愼[16]哉. 旣年合而血氣清矣. 又當察其女性情之和, 或欲貿鏡, 先試其對正像否, 匪獨觀鏡之美貴, 欲婚姻者可獨計其美貴, 而不察其性之順和也耶, 昔西賢后聞, 名臣有娶至美至貴, 而無德者, 嘆曰夫臣也, 婚媾惟隨目而已. 曩有賢士聞故人窮而娶富貴者, 笑曰此人也, 往得主人矣. 何可謂之娶婦, 天地間偶遭妖孽, 皆從二氣不和而起. 故夫婦之性情不和, 則養育之功不可成.

1.5 예전에 한 지혜로운 이가 약혼만 해둔 채 여러 해 동안 더 이상 혼인을 추진하지 않았다. 이에 대해 어떤 이가 비난하자 지혜로운 이가 이렇게 답하였다. "밭을 사서 좋은 곡식을 심으려는 사람은 그 밭을 잘 살펴본 다음에 조심스럽게 할 따름이다. 마찬가지로 어떤 여인을 아내로 맞이할 때는 과연 걱정되는 바가 없겠는가를 살펴야 한다. 밭을 사는 데야 잘못이 있으면 그것만 바로잡으면 되지만 아내는 잘못 선택하면 바꿀 수도 없다. 침착하고 신중히 해야 할 일이다. 아내를 맞이하는 일로 인하여 왜 상처를 받으려고 하는가?"

혹자는 이것을 바른 길이라고 말한다. 그러나 여성의 성격이 어떠한가를 어떻게 알아 따를지 여부를 결정할 수 있겠는가? 우리 중국에서는 이 문제에 대하여 일찍이 조심하지 않음이 없었다. 그 혼인의 상서로움을 미처 정하지 못한 경우 먼저 십이간지로 살펴본 다음에 순차로 별자리를 보아 운명을 물어 삼가지 않음이 없이 했지만 뜻처럼 만족하지는 못했다.

往有智者, 數年約婚而不就, 或譏之, 答曰, 欲買田以植美穀, 則審察而兢兢[17]焉無己娶妻, 植我美後, 顧可草草乎哉. 況買田有誤, 獨可改也. 若擇娶有誤, 莫可移矣. 遲遲也奚傷. 或曰此正道也, 但女子性情, 何從得其順乎否乎. 吾中華未嘗不愼, 未定厥祥, 先察厥辰次, 且屢詢星命, 而猶未足如意也.

1.6

앞으로 어떻게 될 것인가라는 물음에 대한 답으로 점성가의 말보다 더 허망한 것이 있겠는가? 하지만 어떤 이들은 점성가의 말에 따라 결혼을 하기도 한다. 그렇게 했다가 나중에 서로 미워하거나 또는 질병에 걸리거나 또는 가난하거나 하여 일찍 인연의 줄을 끊어버리는 사람이 있으면 어떻게 할 것인가?

무릇 별자리의 모양은 모두 하늘에서 정하여 운행하는 자연의 이치이고, 인간의 모든 길흉이란 천주가 내려주신 뜻이다. 같은 시간과 공간에 수많은 사람이 태어나고 양육되는 것을 살펴보면 가난한 사람도 있고 부자도 있으며 또는 어리석거나 지혜로운 자도 있고 비천한 자도 존귀한 자도 있어 길흉이 모두 똑같지 않다. 하늘이 운행하는 시간이야 미루어 짐작은 할 수 있겠지만 인간의 길흉이란 천주께서 명한 것이지 인간이 결정할 수 있는 것은 아니다.

則將奈之何, 予曰, 世間之虛, 莫甚乎星家之言, 乃或依其言而結婚矣. 後或反目, 或終疾, 或寒窮, 或早斷絃, 此則何解與. 盖星象皆蒼天所定, 運之自然, 諸吉凶乃天主所降之旨也. 試觀同辰同刻及同處數人生養者, 而其間或貧或富, 或愚或智, 或卑或尊, 吉凶不等矣. 天運之時, 雖可推算, 而天主之命, 必未可以人定也.

1.7

예전에 성현들이 말하기를 길흉이란 인간이 스스로 만드는 것이라 하였다. 이른바 길흉이란 곧 선과 악의 응보이다. 세상 사람들의 힘이 아무리 강해도 내가 악행을 저지르거나 나쁜 일에 빠지는 것보다 강할 수는 없다. 그러므로 인간의 의지는 별자리나 온 세상 사람들의 힘보다 더 강한 것이다. 때문에 점성가도 인간의 마음에 둔 선악을 알 수 없거늘 어떻게 인간의 길흉을 예측할 수 있겠는가?

예전에 어떤 사람이 무슨 일을 하기 전에 그 실행 여부를 점성가에게 물었더니 "불가능하다"고 답하였다. 마침내 그는 이를 실행에 옮기지 않아 기회를 잃었고 일도 그르쳐서 후회하게 되었다. 그런 다음에 또다른 일이 생겨 점성가에게 물었더니 "가능하다"고 답하여 그 말에 따라 실행에 옮겼다. 그러나 곧 어려움이 닥쳐 일이 실패하게 되고 결국에는 되돌릴 수도 없게 되었다. 이런데도 점성가의 말을 어찌 믿을 수 있겠는가?

古之聖賢談吉凶, 無不爲人所自取, 謂吉凶乃善惡之應耳, 宇內衆力未能强我造惡, 則宇內衆力亦未能强我投凶, 是故人之志强於星辰强於宇內[18]之衆力也. 則星家旣不能知人志之善惡, 豈能豫算生人之吉凶乎. 徃有士欲行一事, 問星家可否, 答曰否, 遂弗行, 竟以失機害事, 悔不能己, 次遇事, 又問星家可否, 答曰可, 遽依而行之, 乃遭難而失事, 終不可退, 噫嘻, 星家之言, 豈可信乎.

1.8 우리 서양의 이웃 나라에도 별자리로 운명을 이야기하여 진실을 왜곡하는 학자들이 있었다.[19] 어떤 사람이 군주에게 말하기를 "임금의 운명이 다하는 시간이 가까워져 온다"고 하였다. 한 임금이 그것을 어떻게 아느냐고 묻자 점성가는 "하늘의 별자리 모양을 살펴보아 압니다"라고 답하였다. 임금이 또 "점성가, 그대의 운명에 대해서는 어떻게 말하겠는가?" 하고 묻자 점성가는 "수를 헤아려보니 때가 아직 되지 않았나 봅니다"라고 답하였다. 임금은 즉각 명령을 내렸다. "모든 도시의 점성가를 참육하여 별자리를 논하는 망령된 자들을 경계하도록 하라."

이 경우를 살펴보건대 아내를 선택하는 큰일을 별자리의 운명에 맡길 수는 없다. 분명하다. 우리 서양에서는 아내를 맞을 때 어진 사람이라면 먼저 이웃에게 묻고 안팎의 친척들과 함께 논의한 다음에 결정한다. 이렇게 하면 하고자 하는 것이 마침내는 뜻과 같이 이루어졌다. 아내(閨閤)의 성정은 숨길 수가 없는 것이다. 빛이란 항상 미미한 틈새를 비집고 나타나듯 인간이 사는 곳에는 행위의 응보가 있기 마련인데, 하필이면 혼인의 중대사를 점성가에게 의탁할 필요가 있겠는가?

吾西鄰國有曲學談星命者, 語君曰吾君命終之期近矣. 君問何以知, 星家對曰觀天象耳. 君問汝命如何. 星家曰臣之數期算未至. 君遂命卽刻戮諸市以警星家之妄者. 以此觀之, 則擇妻大事, 不可托之星命也, 明矣. 若吾西國欲娶得, 賢者先詢其鄰與內外之戚, 然後定焉. 究竟希不如意者, 蓋閨閤之性情不可隱, 常乘隙而著其光, 則所居之處自有徵應, 何必托星家之虛言也.

1.9 모두가 혼인을 하는 데 있어 바른 길로 나아가길 원한다면 적절한 때를 기다려 현명한 배우자를 선택하는 데 서로 신중히 해야 한다. 선량한 사람이 배우자 선택을 이처럼 중시하는 것은 자신의 자녀를 바르게 기르고자 하는 뜻이다. 만일 자신의 부인이 아니라 다른 여인을 가까이 하고자 한다면 이는 좁은 골목에서 음탕한 기녀에게 빠져 노

는 것과 다름이 없다.

옛 성인이 말하기를 "무릇 여성을 오직 사욕을 채우기 위해서 취한다면 이는 자신의 집을 노래하는 공간으로 삼아 가무를 즐기고 본처를 노래하는 기녀로 여기는 것과 같아 조심하지 않을 수 있겠는가"라고 하였다.

예전에 한 선비는 조금도 망령되고 과장 없이 말하기를 내가 만나는 사람은 오직 본부인 외에는 절대 없다고 하였다. 한 어진 사람이 이 이야기를 귀담아 듣고서 그 선비를 책망하여 말하기를 "술에 취하여 시내에서 돌아다는 것도 잘못이다"라고 하였다. 올바른 길을 가고자 하는 사람은 본실 부인과 살면서 감히 다른 여인을 만나거나 첩을 맞이하여 개인의 욕구를 충족시키는 일을 하지 않는다. 이렇게 하여 부부 사이가 좋지 않으면 부끄러운 자손을 두게 되고, 본부인과 첩에서 출생한 자녀 간의 갈등이며 혈기의 손상, 명예의 실추, 직업의 실패, 재산의 손실 등 모든 것을 예측할 수 없게 되는데 이는 모두 부부간의 관계로부터 생긴 것이다.

欲全婚姻之正道, 旣待其時之宜, 選其耦之賢, 彼此尙有所愼, 則良人所重者, 乃其養子之正意焉. 若圖逞欲狎昵, 則與游狹邪溺淫伎無擇矣. 古聖云, 凡娶而惟供其私欲, 此以本室爲歌院, 以本妻爲歌伎耳, 可不愼哉. 疇昔有士 妄誇絶無他遇, 乃獨眈於本耦, 賢者聞之而譏, 曰醉於市愆登耳. 人義之士居本室, 尙未敢恣肆,彼有他遇, 及畜侍孌, 供私欲者, 夫婦之反目, 子孫之羞, 各庶嫡之爭觸, 血氣之衰傷, 名聞之損壞, 業資之敗散, 及一切不測之災. 悉從此而生矣.

1.10

그러므로 예전의 철학가들은 음란한 것을 꾸짖어 위태로운 것이라고 말했다. 농부가 구덩이에 씨를 뿌리는 것이 어떻게 좋은 땅에 씨 뿌리는 것과 같으며, 다른 사람의 밭에 씨를 뿌리는 것이 어떻게 자신의 밭에 씨 뿌리는 것과 같겠는가. 하물며 밭이 작으면 다스리기 쉬워 작물이 무성하게 자라지만 밭이 많으면 반드시 어려움이 많아 관리를 해도 반드시 황폐함이 있어 위태롭다 했다.

서양 중고시대의 유명한 철학가인 데모크리토스(Democritos, 特牧斯德, BC 460-371)[20]는 우연히 아름다운 기녀를 만나자 그녀를 거절하며 말했다. "나에게는 본처가 있어 함께 생활한 지 오래되었소. 한때의 즐거움을 사기 위해 영원한 치욕과 후회를 파는 일을 할 수는 없는 일이오." 자녀 양육에 뜻을 둔 사람이라면 삿된 여색을 경계해야 할 뿐만 아니라 진실된 마음에서 우러나온 것인지 삼가고 조심해야 한다. 부모의 정이 바르고 삿됨이 자녀에게 그대로 전달되기 때문이다.

예전에 디오게네스(Diogenes of Sinope, 第阿日搦, BC 412?-323)[21]라는 현인은 한 아이가 미친 것을 보고서 "분명 아비가 술에 빠져 있을 때 아이를 낳아 기르지 않았겠는가. 그렇지 않다면 아이가 어찌 이렇게 미칠 수 있으리오"라고 말했다. 그러므로 서양 풍속에는 많은 이들이 성인과 어진 여인의 아름다운 동상을 집안에 두었다. 부부가 늘 동상을 보며 마음으로 생각하고 바른 마음으로 결코 망령된 말이나 속된 것이 들어오지 않도록 하여 아이를 낳아 기르는 데 혼란스러운 영향을 주지 않았다.

故先哲責淫者曰殆哉. 種於溝壑, 豈若種於美區, 種於他田, 豈若種於本畝, 況田少, 易治必盛, 田多, 難修必荒矣. 殆哉. 特牧斯德爲中古之名士, 適遇美伎招之, 辭曰吾有正室久矣. 以暫樂售永辱且悔, 吾弗能也. 雖然志養育者, 不獨儆戒於邪色也. 猶戒愼於衷情之不正焉. 盖二親情之正邪概通於子, 古者第阿日搦見一童狂痴, 曰此童之親, 必於迷酒之際生養之耶. 不然, 何此兒狂痴若爾, 故吾西俗, 大家多設聖人賢女之美像於宮中, 必欲夫婦常目擊而心思之, 以正其性情, 斷不容妄說邪俗, 竊入以亂我生育之大功焉.

育之功

2 아이를 기르는 방법

2.1

부부가 이미 자녀를 바르게 낳았다면 반드시 올바른 방법으로 품에 안아 길러야 한다. 왜냐하면 처음 만들기 시작할 때 부족함이 없던 물건이라 하더라도 만드는 사람이 점차 이를 잘 다듬어야만 온전하게 되기 때문이다. 어떤 재주 많은 기술자가 정성을 들여 조각품을 자르고 갈고 쪼아 만들자 날아가는 새도 새끼에게 젖을 먹이기 위해 그 위에 날개를 접었다고 한다. 하물며 인간이 자녀를 기르는 것이 이런 동물과 다르다고 할 수 있겠는가?

어버이가 아이를 사랑으로 품어 기르지 않거나, 외부에 의지하거나, 혹은 유모를 불러 의탁하는 것은 매우 적절치 않다. 본래 어머니가 항시 아이를 살피되 아이를 자기 몸의 일부로 여겨, 자신을 사랑하는 마음으로 아이를 사랑하며 자신을 돌보는 마음으로 아이를 돌봐야 한다. 그래서 아이를 낳아 돌보는 것을 조심스럽게 해야 한다. 아이를 양육하면서 이끌고 지지함을 알맞게 조절해야 하는데, 분명 내키지 않는 것도 있을 것이다. 이른바 사랑에는 항상 고통이 따르지만 고통을 고통으로 여겨서는 안 된다.

유모는 혈육의 정이 없이 오직 이해관계만 좇아 아이를 돌보기 때문에 아이를 안아 기르는 것이 어머니와 다를 수밖에 없다. 일찍이 듣건대 본래 어머니는 자신의 혈육인 자녀에 대해 불쌍히 여기는 마음이 있다. 자식의 운명이 위험한 상황에 처했을 때, 즉 독약을 먹어 위태로운 상황에 처하거나, 또는 낙태를 하거나 굶주리게 되었을 때 혈육을 불쌍히 여기고 사랑하는 어머니의 마음은 그 누구도 대신할 수 없다. 이처럼 유모가 아이를 불쌍히 여기고 사랑하는 마음이 어머니의 마음과 같다는 소리는 드물게 들었다. 즉 이는 사랑을 적절히 조절하여 자녀를 양육하는 데 양자간의 차이가 나는 것은 피차(어머니와 유모)간의 맑고 탁함이 역시 다르기 때문이다.

아무리 특이하고 아름다운 나무였다 하더라도 원래 심어 두었던 땅의 흙을 바꿔주거나 나무를 아예 다른 땅으로 옮겨 심으면, 비록 나무는 옮겨 심었어도 성장에는 어려움이 따른다. 이 때문에 아이를 낳아 기르는 것이나 세상의 사물을 기르는 힘이 대저 그러하다. 그러므로 아이가 태아 때부터 가지고 있던 정기가 성장하지 않을 리 없지만, 유모의 젖은 어머니의 사랑스런 모유만은 못한 것이다.

夫婦旣以正生子矣, 則必以正道懷抱育成之, 何也, 物之始造, 未有不闕(必有闕), 造之者, 未有不漸治, 而全之者也(漸治之斯全也). 百工切磋琢磨以精其功, 飛鳥哺雛而翼覆之, 而人可以不如物乎(況育其子乎). 倘不親懷, 或寄於外, 或招乳母而托之, 甚不宜也. 蓋本母常視嬰兒爲本體之一枝, 以愛己之心愛之, 以養己之心養之, 於是謹於提扶, 若於調治以不少斁(於是提扶調治而不少斁), 所謂愛者常苦而不見苦也. 若夫乳母特惟利是而無骨肉之情, 其懷抱必有異焉者矣. 嘗聞本母之恤其子, 或委命陷險, 或服毒迎寇, 或剖胎, 或饑斃, 終不替其恤愛之心, 希聞乳母之恤育如是者, 卽使彼此齊愛而養育之淸濁, 亦必有異, 奇美之木樹之原地, 易植且盛樹之異地, 異地雖培植難成焉. 盖以是生亦以是養世物之勢大抵然焉. 故孩提得原胎之精氣, 未有不成長, 外母之乳必不若也.

2.2

예전에 가난으로 고생하던 어떤 사람이 광야에 아이를 버린 일이 있었다. 어디선가 나타난 늑대가 버려진 아이에게 젖을 먹여 길렀는데, 후일 발견된 그 아이의 겉모습은 사람이었지만 행동은 맹수 같았다고 한다.[22] 다른 한 아이는 항상 나귀를 따라다니면서 오랫동안 그 젖을 먹었더니 마침내 매우 어리석고 못난 사람이 되었다고 한다. 또 어릴 때 젖이 없어 양젖으로 기른 어떤 아이는 성장하면서 항상 양을 몰고 다녀 아이가 양과 다름이 없었다고 한다. 이렇게 보건대 아이가 이 세상에 태어나 먹는 우유의 맑고 탁한 기운을 따르지 않은 경우가 없다.

우둔한 부인 밑에서 익히고 성장한 아이는 바르게 성장하거나 어리석은 사람이 되지 않은 경우가 드물었다고 한다. 어머니와 자녀가 서로 지켜주고 더 가까워지게 되면 반드시 서로 사랑하는 마음이 커지게 마련이다. 아이 기르는 일을 다른 사람에게 맡긴다면 아이가 느끼는 고마운 정은 어머니에게서 느끼는 것보다 줄어들게 된다.

예전에 어떤 어머니가 자녀의 스승에게 아이가 불효한다고 말하자, 스승은 "그대는 자녀에게 어버이로서 안아 기르는 은혜를 다 베풀었는가" 하고 물었다. 어머니가 "그렇지 못했습니다"라고 답하자, 스승은 "그대가 어버이로서 사랑을 다하지 못하면서 자녀의 불효를 꾸짖어 효를 받을 수 있겠는가"라고 말했다. 물론 자녀가 부모의 사랑을 다 받지 못했다 할지라도 성심으로 부모에게 효로 보답해야 하지만, 어버이가 자녀에게 베풀고 자녀가 어버이에게 보은하는 것이 인간의 떳떳한 정인 것이다. 그러므로 자녀에게 효하기를 권하려면 부모가 반드시 삼 년간은 자녀를 품에 안아 길러야 한다고 적은 것이다.

昔有迫於窮者, 棄子曠野, 忽有狼至代乳之, 後棄子人形也, 而行猛獸之事, 又有從孩提常茹驢乳者, 久之遂爲愚鹵之流, 又有少時無乳, 不獲已接羊乳以養者, 其子長成常見躁躍驅馳之, 狀與童羖無異, 以此觀之, 初生之子, 未有不隨乳氣之清濁者, 使孺子習長於愚魯之婦, 其不壞而爲愚魯者鮮矣. 況母子相守愈密, 必相愛愈殷, 設使懷抱托諸他人, 則恩情將減於本母. 昔有一母告子不孝於士師, 士師曰, 汝向者親盡懷抱之恩否, 母曰否, 士師曰, 汝未盡慈, 而責子以盡孝可得耶. 雖爲子者未全獲二親之恩, 宜以誠孝報之, 然親以是施, 子亦以是報, 人之常情固然, 故勸子孝者必述三年之懷抱焉.

2.3 조화를 주재하는 천주께서 여성을 만드시고 그녀에게 두 개의 젖을 부여하시어 아이를 양육할 때 아름다운 젖이 나오게 하였다. 어찌 어머니가 되어 자녀를 품어 기르는 역할을 하지 않으려 드는가. 부모는 자녀를 품에 안고 길러야지 다른 사람이 대신 길러주는 것을 기대해서는 안 된다.

어떤 이가 "어머니가 질병에 걸리거나 품성이 박약하여 어버이로서의 역할을 충분히 하지 못하면 아이 양육을 어찌해야 합니까" 하고 묻자, 다른 이가 답하기를 "여성이 어버이로서 양육을 할 수 없을 정도라면 반드시 결혼해야 하는 것은 아니다"라고 하였다. 그러나 이 말은 매우 엄격하여 실행에 옮기지 못할 수도 있다. 만일 자신이 어머니의 역할을 수행할 수 없어 부득이 유모를 맞이해야 한다면 유모 선택에 신중을 기해야 한다는 뜻이다.

먼저, 유모는 아이를 잘 양육할 수 있는 자로 선택하라. 그러나 경제적으로 구차하게 해서는 안 된다. 유모가 이성과 음주에 빠져서도 안 되며 언어능력이 떨어져도 안 된다. 이성과 술에 많이 빠져 있는 어머니에게서 나온 젖은 매우 탁하여, 아이가 이 우유를 먹고 자라면 신체적으로 박약한 기질을 타고 날 뿐만 아니라 나쁜 병을 얻게 된다. 만일 아이의 말이 바르고 진실되기를 원한다면 나쁜 말이나 음란한 소리로 하여금 자녀를 좋지 않은 데 빠지지 않게 하라. 그러므로 부득이 유모를 불러야 한다면 반드시 그를 집에 불러들여 역할을 수행하게 하고 밖으로 내보내지 말라.

造化主制作女類, 以兩乳賦之, 而養育之際, 又俾湧美乳, 豈不欲爲母者親懷其子, 弗待人之代養也耶. 或曰, 母或感疾病, 或得其稟之薄, 未足親懷奈何, 曰, 女之未足親行養育, 必未足出嫁也. 然此說大嚴不獲己, 招迎乳母, 愼擇之可矣. 蓋首欲擇其善懷抱者, 而不敢苟且, 次欲其不迷於色, 不迷於酒, 不病於言. 蓋多色多酒之母, 生乳極濁, 食之者, 不但稟體之薄, 猶沾其惡病焉. 若其言必欲正實, 不使詭言淫聲, 溺子於邪. 故不得已而招乳母, 必宜招之於家, 勿令出外.

2.4 집안사람들은 집안에서 하는 말을 정숙하면서도 바르게 하되, 부모의 눈과 귀는 항상 아이와 함께 하라. 혹 음성이나 동정을 살펴보아 아이의 아름답고 순수한 성품이 삿되고 속된 데 빠져 위태롭지 않게 해야 한다. 아아, 사람들이 귀한 인형을 얻으면 예쁜 옷을 입혀 아름다운 상자에 담아 보관한다. 때가 아니면 사람들에게 소개하지도 않고 또한 쉽게 보여주지도 않는다. 하물며 태어난 아이는 값어치를 매길 수 없는 보배인데 부모가 경솔하게 어리석은 부인에게 자녀의 양육을 의지하겠는가.

서양의 성인인 제롬(St. Jerome, 日落尼抹, 347?-420)[23]이 일찍이 전하기를, "예로부터 유모는 주색과 음란한 언어, 삿된 행동에 빠져서는 안 된다. 그러나 기르는 자녀가 열 살 미만이면 이미 이를 어떻게 할 수 없다."고 했다. 또 듣건대 어떤 아이가 겨우 네 살쯤 되었는데 귀로 항상 꾸짖는 말과 음란한 말, 나쁜 말을 듣는 것을 이상하게 여겨 그 까닭을 물었다고 한다. 이에 답하기를 "이렇게 된 데는 아이에게는 그 죄가 없다. 유모의 죄다."라고 했다. 그가 그렇게 괴이한 행동을 하는 것을 왜 이상한 일이라고만 하는가? 이로 미루어보건대 아이를 바르게 양육하려는 노력은 어머니의 은근한 노력과 관계 있는 것은 분명하다.

蓋家人內言(家人之言), 大抵靜正, 而二親之目耳常在(不離二親耳目), 或審其音聲, 或察其動靜, 不俾美性之純, 危於邪俗也. 噫噫, 人有得寶玩, 則以錦綉衣之, 以美笥藏之, 非時弗啓, 非人亦不令易見也. 迨所生之子無價之寶也. 乃其親輕寄之於愚婦乎哉. 日落尼抹西之聖人, 嘗誌古有乳母恣逞於酒色, 辟侈於淫言邪行, 乃其所養之子未滿十歲, 已無所不爲矣. 又聞一孺子僅四歲耳, 常出詈言, 淫言訛言, 異而問故, 或答曰, 是孩也非其罪也, 乃乳母之罪, 彼倡此和奚足怪乎, 由是觀之(繇是觀之), 懷抱之正功, 槩係於慈母之殷勤也明矣.

3 敎之主 가르치는 주체

3.1 자녀를 품에 안아 양육함에 있어 아버지 된 자라면 자녀교육을 가능한 한 일찍부터 시작해야 한다. 소크라테스(Socrates, 束格辣德, BC 469-399)[24]라는 서양의 위대한 학자는 "일찍이 어린이의 교육은 그 부모에게서 비롯된다"고 하였다. 대개 자녀 양육은 부모가 함께 하지만, 그중 중요한 것은 아버지의 엄한 교육(강인함)으로부터 이루어진다. 속담[25]에 "작은 물고기는 큰 물고기로부터 연못에서 뛰어오르는 것을 배우고, 작은 소는 큰 소로부터 밭 가는 것을 배우며, 작은 새는 큰 새가 하늘에 날아다니는 것을 보고 배운다"라는 이야기가 있는데, 바로 이를 일러 말한 것이다.

서양의 어떤 새는 날개를 펴고 하늘 높이 나는 것을 좋아하는데, 날아가다 해와 마주하게 되면 눈을 크게 뜨고 해를 똑바로 보면서 피하지 않는다고 한다. 한 어미 새가 어린 새끼에게 이를 가르치고 싶었는데, 새끼 새가 그만 놀라 멀리 달아나 버리고 말았다. 어미 새는 햇빛을 마주하고도 눈을 감지 않고 새끼를 사랑으로 지켜주면서 기르고자 한다. 그러나 새끼 새가 눈을 감고 햇빛을 당해낼 수 없다면, 어미 새는 새끼를 버리고 돌보지 않아 불초한 자식으로 길러지게 된다.

또 서양의 어떤 작은 까치 종류의 새는 미간을 자극하여 우는데 그 소리가 아름다웠다. 어미 새가 이를 새끼에게 가르치고자 스스로 울어 새끼가 배우도록 이끌었는데, 그 소리가 바르지 못하면 서로 마주하면서 가르치기를 쉬지 않았다고 한다.

懷抱之功旣成, 爲之父者敎不可不早也(敎宜早施矣). 東格辣德古學宗領, 嘗謂幼之敎育根於父母. 蓋育子者, 雖係二親, 但其重者, 由於陽之剛耳. 諺有之曰, 魚之小, 學大魚以躍於淵, 牛之小, 學大牛而犁於田, 鳥之小, 學大鳥而戾于天, 正此謂也, 西有一鳥, 喜舒翼登高, 正對日輪, 瞠目不避, 仍欲敎其子, 則攫而懸之, 其對日光不閉目者, 愛而存養之, 若閉目不克當日光者, 委棄不屑養矣. 西士又有小鵲類盡眉者, 聲至美欲敎其子, 自鳴而引之, 不正音對和不息也.

3.2

이렇게 보면 어떤 부류의 동물도 그렇지 않으리오. 사슴은 새끼를 가르칠 때 달리기를 활용해 가르치고, 너구리는 애교로, 이리는 탐하는 것을 가지고 가르치며, 곰은 고깃덩어리를 내보여 가르친다. 곰은 자신이 보기에도 아직 다 자란 곰은 아니다. 따라서 항상 사용하는 혀도 잘 닦고 관리를 잘해야 점차 곰다운 곰이 되어 간다.

오호라, 이처럼 짐승도 모두 자기 새끼를 가르치고자 하는데 하물며 사람이 자기 자식을 가르치지 않아서야 되겠는가. 짐승도 처음에 태어나면 그 깃털과 손톱과 피부가 갖춰 나오지만 아직 짐승의 옷과 발로써 그 역할을 다하지 못한다. 그러나 기다리지 않고 가르치고 익히게 하면 해로운 것은 피해 달아날 줄은 안다. 인간은 알몸으로 미약하게 태어나 발걸음을 옮길 수도 없고, 매우 어리석어 충분히 이치를 밝게 알 수도 없다. 부모의 엄한 가르침이 아니면 눈먼 장님이 다니는 것과 같아 끌어 인도하는 도움이 없으면 반드시 위험한 곳에 발이 빠지게 된다.

以此觀之何類不然, 鹿教其子以奔, 狸教其子以媚, 狼教其子以貪, 熊生僅肉團耳. 自視之非熊也. 常用舌餂摩修治之, 漸漸成熊矣. 嗚呼, 禽獸皆欲其子肖, 人乃不欲其子肖耶. 況彼禽獸初生, 卽其毛羽爪戈甲, 不俟衣履, 不待教習, 而已知避害趍利. 人之生也. 赤身出胎, 至弱未能移步, 至愚未足明理, 令弗得嚴親之教, 如矇瞽者之行, 不得援引, 必將投足嶮巇矣.

3.3

바다에서 위험에 처한 배를 높이 그리고 단단히 끌어당겨 매는 일은 건장한 성인이 아니면 당해낼 수 없다. 그러나 작은 배라면 약한 사람이라도 끌어당길 수 있다. 오호라, 세상의 길은 험난한 바다와 같다. 세상의 지혜로운 이들은 대부분 얕은 지식에 머물러 있을 뿐만 아니라 대개 저급한 지식의 연못에 빠져 있다. 지혜로운 어버이가 어리석은 아동을 붙들어 도와주지 않는다면 심신이 허망한 데 빠지는 것을 면할 수가 있겠는가.

예전에 서양 고대의 유명한 현인인 디오게네스(Diogenes, 第阿日搦)는 어린아이가 길에서 거만한 자세로 있는 것을 보고 막대기로 그 아버지를 꾸짖어 말하기를, "그대의 아들이 태만한 것은 오직 아버지인 그대의 죄다"라고 하였다. 예전의 아테네(Athene, 亞得納)[26]는 통치법이 엄했다. 어린이 교육에 관한 법은 더욱 엄하여 자녀를 가르칠 수 없는 자에게는 명을 내려 죽을 때까지 자녀를 양육하지 못하게 했다. 학은 항상 새끼를 잘 길러서 자신이 늙어 털도 빠지고 쇠약해져 스스로 몸을 돌보지 못하게 되면 제 새끼의 돌봄에 의지한다.

海中之危舟高且堅, 非長年引之, 猶未能當, 而小艇之弱者, 可以當止之耶. 噫嘻, 世道險海也. 世之智者, 多滯於淺多沈於淵, 而愚童非得智親之堤扶, 可免身神之亡溺耶, 往者的阿日搦古學名賢, 適遇小童, 恣慢於途, 則以杖叩叩其父曰, 夫爾子慢也, 惟爾之罪. 亞得納其古治法, 其嚴而於幼之敎育, 尤嚴甚, 則出命令凡有子弗能敎者, 終身不許其子供養之. 鶴善養其子, 迨老時毛落體弱, 未能自養則, 常籍其子之養.

3.4

레아(Rhea, 厄馬)[27]는 타조류에 속하는 서양의 큰 짐승인데, 새끼를 기르는 데 게을러서 대부분 알을 품지 않거나 품는다 해도 먹이를 주지 않는다. 새끼도 커서 똑같은 방법으로 제 새끼를 기른다고 한다. 이렇기 때문에 자녀를 양육하는 데 있어 가르침을 베푸는 은혜보다 더한 것이 없음을 알아야 한다. 만일 어버이의 도리를 다하지 못했다면 어떻게 후일에 자녀가 자신에게 효도하길 바라겠는가. 세상 사람들은 자식을 낳기에만 급급할 뿐 교육의 길은 생각하지 않는다. 평생 어렵게 모은 재물로 어떻게 자녀에게 만족을 줄 수 있겠는가. 정작 재물의 주인인 자신은 생각하지 않는데, 이는 결국 누구를 위하는 것인가.

크라테스(Krates ho Thebaiea, 格辣德, BC 365?-285)[28]는 상고시대 선비로 알려져 있다. 그는 자기 고향의 문란한 풍속을 변화시키고자 높은 곳으로 올라가 이렇게 외쳤다. "인간은 왜 스스로를 속이는가? 우리는 재물과 넓은 땅을 모으는 것을 신중히 생각해야 한다. 자신이 늙어 기탁할 자가 손자이면 곧 돌봄을 기대하기 어려울 것이다. 손자가 아름답고 고운 옷으로 덮어 주기는 한다. 그러나 상처 난 발까지 조심스럽게 배려해 주기는 어렵기 때문이니 슬프지 않으리오."

예전에 어떤 어진 이는 부자가 자녀교육을 태만히 하는 것을 보고 꾸짖어 이렇게 말했다. "그대들은 자손이 부유하기를 꾀하면서 그 후손들이 재물을 잘 활용하도록 가르치지는 않았다. 이는 마치 어린아이 손에 병기는 들려주면서 사용하는 법을 가르쳐주지 않아 머지않은 장래에 자신과 타인에게까지 해를 끼치게 되는 것과 같다." 우리는 어버이가 되어 자식에게 재물을 물려주되 재물을 바르게 사용하는 법 또한 가르쳐야 한다. 만일 그렇지 않으면 이는 독약을 물려주면서 해독제를 주지 않는 것이나 마찬가지다. 이 또한 어찌 위태롭지 않으리오.

厄馬泰西大禽中曰駝鳥, 懈於子之養育, 置卵多不能覆, 或覆以不能哺其子也, 子大而亦以是覆之, 因是而知凡預圖其子之養, 莫善乎先施教育之恩. 倘未能充父道, 何望後之盡子道乎, 世人急於生子, 而不思教育之道, 若何平生勤苦積財, 以富足其子而, 竟不思財之主, 當爲何人. 格辣德上古聞士也, 欲變本鄉亂俗,登高大呼曰, 人何爲自欺乎, 吾黨愼思聚財廣地, 而其所寄之子若孫, 乃弗之顧, 是所謂備美覆, 而不忌傷足者耳, 可不哀哉. 昔有賢士, 見富人怠於教子, 譏之曰, 汝計富子孫, 乃不教之以善用, 猶授戈兵於童穉, 而不示之以當用之法, 不將害人幷害己乎. 吾嘗謂爲父貽財於子, 而教於正, 是貽鴆毒而不施解毒之藥也. 不亦殆哉.

3.5

그러므로 군자는 자녀를 가르칠 때 학문을 먼저 익히게 하고 점차 도덕으로 나아가게 한다. 그런 다음에 좋은 재물과 높은 사회적 지위를 알려주어 모두 얻을 수 있었다. 우리 서양의 옛 풍속에는 사람을 쓰기 전에 먼저 가정교육을 살핀 다음 그 사람의 진퇴를 결정한다.

예전에 어떤 박학한 선비가 조회에 왕의 명을 받들러 갔는데 왕이 선비의 자녀가 불초함을 알고 물러가게 하며 말하기를, "그대는 천주께서 부여한 소임을 다하지 못하였으니 앞으로 오직 그대에게 맡겨진 소임에 더욱 최선을 다하길 바란다"고 했다. 무릇 자녀를 교육할 때 가정에서는 어진 어버이의 가르침에 따르게 하고, 사회에 나가서는 직장 주인의 명에 화합하여 어버이에게 영광이 되고 국가의 근간이 되게 하라. 자녀를 교육하지 않으면 가정에서는 어버이에게 거슬리고 밖에서는 법도를 넘어 어버이에게 걱정이 되고 국가에 욕을 보이니, 자식을 둔 사람이라면 마땅히 어떤 선택을 할 것인가.

故君子先教其子, 習之於學問, 漸進之於道德, 然後美貲, 令聞豊爵, 皆可致也. 吾西古俗用人, 先審其家之教育, 然後或進或黜焉. 昔博學之士, 徃朝領命, 王知其子之不肖, 則辭之曰, 爾未盡天主所任職, 而猶望盡吾所將任之職乎. 夫承教之子, 内順仁親, 外和主命, 爲親之榮, 爲邦之幹, 不教之子, 内逆乎親, 外越法度, 爲親之憂, 爲邦之戮, 有子者宜何擇焉.

4 敎之助

교사의 도움

4.1 비록 엄한 어버이라 하여도 자녀가 잘되기를 간절히 바란다(그러나 힘이 있다 하여도 홀로는 자녀를 가르칠 수 없다). 그러나 자녀에 대한 지나친 사랑은 현명치 못하거나 무용지물이 되기도 한다. 그렇다고 교육을 그만둘 수는 없다. 만일 부모 대신 아이를 교육해 줄 훌륭한 교사가 없어 교육에 힘을 다하지 못했다면 그로 인하여 자녀의 효는 이루어지지 않는다. 그러므로 지혜로운 자는 스승을 나의 두 번째 아버지로 삼는다. 그리고 그렇게 하는 것이 부모의 은혜를 온전하게 보전하는 것이다.

대개 부모는 나를 낳아 나로 하여금 세상에 나아가게 하고 어진 스승은 내가 바른 길로 가도록 가르쳐 주신다. 부모는 나를 낳으시어 세상에 나가 활동하게 하지만, 어진 스승은 나를 바른 길로 인도하시어 나의 여러 가지 고통을 구원해 주신다. 부모는 나를 낳으시되 내가 죽지 않도록 할 수는 없지만, 어진 스승은 나를 가르쳐 나로 하여금 도덕이 무너지거나 없어지지 않게 하신다.

嚴親雖望其子成立(然力或不能獨敎也), 甚切然, 或溺愛不明, 或事迫於冗, 卽敎不能不作輟也. 設令無善士代致其力, 則子之孝無由而成矣. 是以智者, 或稱師爲吾二父焉, 或以爲補全父母之恩焉. 蓋父母生我, 使我遊於世, 而賢師敎我, 使我遊於道, 父母生我必屬於世苦, 而賢師導我, 乃援我於諸苦, 父母生我, 未能使我不死, 而賢師敎我, 乃使我道吾德不敗滅也.

4.2

플라톤(Platon, 罷辣多, BC 428?-347?)은 상고시대의 위대한 현인으로, 일찍이 말하기를 "천주의 광택과 부모의 양육과 어진 스승의 가르침 등 세 가지 요소는 측량할 수도 없고 갚을 수도 없는데 어찌 이를 믿지 않으리오"라고 하였다. 대왕 필리포스(Philippos, 斐理伯徃, BC 382-336)[29]는 대국 마케도니아의 지혜로운 왕으로, 세자가 태어났다는 소식을 처음 듣고 말하기를 "천주께서 나에게 아들을 주시니 이 기쁨이 길조가 아니겠는가. 또한 아리스토텔레스(Aristoteles, 亞里斯多, BC 382-322)[30]와 같은 이름난 어진 학자가 그의 스승이 되니 매우 기쁘다"고 하였다.

그 아들의 이름은 알렉산더(Alexandros, 歷山, BC 356-323)[31]였

다. 그가 배움을 다 마치자 어떤 신하가 그에게 "필리포스 왕은 부왕이시요, 아리스토텔레스는 스승이시니 이 두 분의 은혜 중 어느 분의 은혜가 더 큽니까?" 하고 물었다. 그러자 알렉산더는 "부왕은 나에게 나라를 물려주시어 왕이 되었고 스승은 나로 하여금 나라를 잘 다스리는 밝은 왕이 되게 하였다. 부왕은 나에게 성품을 전해주었고 스승은 교육을 통하여 학문을 전해 배우게 했으니, 훌륭한 스승의 가르침에 의한 도움이 어버이에게 힘입은 것보다 많다"고 답하였다.

罷辣多上古大賢也, 嘗謂天主之廣澤, 父母之養育, 賢師之教習, 三者必可測, 併不可報, 豈不信哉. 斐理伯徃王爲大國智王, 初聞世子生, 曰, 天主賜我以子, 喜其可以承祧, 又有亞里斯多名賢, 在可以師之, 可喜之甚矣. 其子名歷山學旣成, 有臣問曰, 斐里伯王父也, 亞里斯多王師也, 二恩孰大, 王曰, 父嗣國爲王, 師使我爲國明王, 彼傳性此傳學, 則善師之助親多矣.

4.3

페리안드로스(Periandros, 咈濟玩, BC ?-588)는 서양 중고시대의 유명한 현인으로 당시 의례를 통해 널리 알려져 있었다. 그런데 자신의 아이가 나쁜 습관에 물들어 직접 가르칠 수 없게 될까 걱정이 되자, 이웃 나라인 스파르타(Sparta, 辣責德莫納 혹은 拉塞達埃蒙)[32]에 데리고 가 한 현인을 스승으로 모시고 매일 배우게 하였다. 과연 얼마 지나지 않아 예전에 물들었던 나쁜 습관들이 없어지고 순수하고 아름다운 모습으로 바뀌게 되자 모두 기이하게 여기면서 말하기를, "훌륭한 스승의 공이 위대하다"고 하였다. 이처럼 어질고 덕 있는 어버이라도 자기 자녀의 그릇됨을 바로잡기는 힘들지만 어진 스승의 가르침은 이를 고칠 수 있으니, 그런 스승의 가르침이 시급하지 않은가.

예전에 그리스(Greece, 厄助濟亞)[33]는 학문으로 알려진 도시국가였다. 그곳의 한 아이가 플라톤이라는 유명한 학자에게서 오랜 배움을 마치고 집으로 되돌아갔다. 부모가 아이를 보니 평소와 사뭇 달라 이를 매우 이상하게 여겨 말하기를 "플라톤이라는 스승을 모시고 배웠는데 이렇게 변했다는 말은 듣지 못했다"고 하며, "그곳에서 그렇게 오래 배우게 하면 우리 모두가 잘못되지 않을까 염려된다"고 하였다. 이를 두고 어떤 사람이 이렇게 말했다. "세상에 자신의 아이는 잘 가르치지 못하면서 도리어 그 스승이 바르게 가르치는 것을 해치는 사람은 많다."

咈濟玩中古名賢也, 以義禮聞於時, 子染邪習, 恐己不能敎也, 乃引之隣邦, 名辣責德莫納使日侍賢師, 無何其子果去其舊染, 而成其粹美衆咸異之, 曰善師之功大矣哉. 夫以賢德之親, 不能攻其子之惡, 而賢師之敎能攻之, 師不急乎哉. 昔者厄助濟亞文學名國, 有一童, 習於罷辣多名門, 久之學成而歸, 適覩其父詬厲, 異常大怪曰, 侍罷辣多未聞如是也. 久於此, 恐吾所脩悉亡矣. 於乎世之不善教其子, 而反害其師之正教者, 可勝數哉.

4.4

그러므로 지혜로운 어버이라면 특별히 훌륭한 스승을 모시어 그 자녀를 교육하는 데 힘써야 한다. 이는 예컨대 농사지을 때 나무를 심어 놓은 후 못난 열매가 나올까 염려되어 더 좋은 종자와 접목하는 것과 같다. 그런데 어찌 어린아이가 좋은 묘종이 되도록 좋은 종자와 접목하는 것을 신중히 하지 않을 수 있으리오.

엠페도클레스(Empedocles, 耶都略氏, BC 490?-430?)[34]는 서양에서 학문을 가르치는 스승이었다. 그는 세상 사람들이 아이들 교육에 태만한 것을 꾸짖어 자주 이렇게 말하였다. "사람의 목숨이 매우 위급하게 되어도 자신이 언제 세상을 떠나는지 알지 못하는 것처럼, 자녀가 매우 어리석어도 장차 어떤 사람이 될 것인지 모를 수 있다. 어버이 된 자가 일찍 스승을 초빙하여 어진 교육을 하지 않으면 그 자녀가 지혜로운 자가 될 수 있겠는가?"

예전에 서양의 수도인 로마에 지혜로운 왕 마르쿠스 아우렐리우스(Marcus Aurelius, 奧助略, 121-180)[35]가 있었다. 그는 자신이 세상을 마칠 무렵에 이르러 어진 신하를 어린 자녀의 스승으로 임명하였다(왕은 자신의 자녀가 어릴 때 어진 신하에게 명하여 전하기를, "이제 어진 신하에게 자녀교육을 위탁하니 이로써 모든 근심과 걱정이 사라졌다. 그런데 만일 아이가 잘못되면 그 책임은 어진 스승에게 있다. 이제 왕으로서 아들의 교육을 책임질 스승을 정했으니 국가의 중차대한 일이 이로써 완수되었음이 입증된 것이다."라고 하였다). 그러자 세자가 말하기를 "저의 능력으로는 훌륭한 스승을 모실 수 없습니다"라고 하였다.

故親之智者, 特延善師以善其子, 如良農旣植美樹, 而生恐其不肖則 接以善種噫嘻. 童穉爲美種之苗, 可不愼其所接也. 耶都略氏往爲吾西文師, 常譏世怠於敎子者曰, 人命極脆, 未識其終日之期, 世人之子至愚, 未能識其將爲何人爲之, 親者不早延師賢敎之, 可以爲智乎. 曩者泰西總都有智王, 名曰, 奧助略將終, 子幼時有賢臣, 則命其師(子幼時有賢臣命傳之曰 以此藐諸孤 辱在賢師, 國家之重實式憑之), 世子曰, 吾之數不可延矣.

4.5

아이가 아직은 어리지만 앞으로 국가의 중차대한 장래는 그 스승과 관계가 있다. 이는 예컨대 바르게 교육을 하는 국가는 잘 다스려지지만 그렇지 않는 국가는 반드시 망하는 것과 같다. 왕이 세자에게 말하기를 "우리는 이미 천주께서 엄명하신 바를 사양할 수 없지만 감히 하늘의 뜻을 모두 감내할 수 없다는 것도 안다. 가정의 본의는 사랑에 있고, 국가의 본의는 어짊에 있다. 이에 그대는 세상을 놓아도 나를 대신하여 군주의 역할을 다해야 한다(그대는 나를 대신하여 스승을 잘 따르고 어질고 자비로움을 잃지 않으면 국가가 잘 다스려질 것이다). 그대는 가정에서 어버이로서의 역할을 충분히 하지 못하더라도 어버이가 되고, 국가에서도 군왕으로서 역할에 부족하더라도 군왕이 되어 어떻게든 부지런히 바른 학문에 힘써 오직 어진 스승이 옳다고 하면 이에 따르라. 그렇게 하면 가정에는 사랑스러운 어버이로서 부족함이 없고 나라에는 어진 군주로서 부족함이 없게 될 것이다"라고 하였다. 이렇게 다 실천에 옮겨 왕의 역할을 마치게 되면 그 왕은 교육을 알았다고 할 것이다.

일찍이 프로타고라스(Protagoras, 伯路大哥, BC 500-430)[36]라는 서양 하고시대의 한 현인은 개탄하며 이렇게 말했다. "어떤 사람에게 농사지을 밭이 있다면 부지런히 농사를 잘 지을 수 있는 사람을 찾지 않을 수 없고, 가축이 있다면 부지런히 가축을 칠 수 있는 목동을 찾지 않을 수 없으며, 배가 있다면 지혜로운 기술자에게 의탁하지 않을 수 없다. 어떤 사람에게 자녀가 있어서 장차 밭과 가축과 배를 부릴 만한 주인이 되도록 키우고 싶은데 오히려 훌륭한 스승을 찾지 않는 이가 있다면 그런 어리석음을 범하지 않도록 교훈 삼으라."

孺子尚幼, 則國家之重係於師矣. 如以正敎之國家, 必治不然, 國家必亡. 語子曰, 吾己知天主之嚴命, 不可辭也. 然吾向未敢負天旨, 家志乎慈, 國志乎仁, 茲棄世爾當代我(爾代我 惟賢師是從, 慈仁不失, 則國家可理也), 乃入吾家爾猶未足爲親, 入吾國爾猶未足爲君, 柰何若能勤於正學, 惟賢師是從則, 家必不乏慈親, 國必不乏仁主, 言盡而終, 王乎可謂知教也. 己伯路大哥下古西賢嘆曰, 人有田, 無不覓敏農治之, 有畜, 無不覓勤童牧之, 有舟, 無不托智工操之, 人之有子, 且將爲田與畜與舟之主, 而反不覓善師以訓之, 愚哉.

4.6 무릇 가정에는 여러 가지의 재물과 기물들이 있어, 어린아이가 이런 것들을 만지는 것을 잘 지도 · 관리 · 감독하는 것은 가정에서 해야 할 일이다. 오직 아이 스스로 그러지 않기를 바라는 것은 어리석은 일이다. 만일 이미 작고하신 조부의 초상화를 그려 남겨두고 싶다면 반드시 화가의 기술을 빌려야 하는데, 그 비용을 아껴서는 안 된다. 그런데 아이를 가르쳐 그 아이가 조부의 산 모습을 그리도록 하고자 한다면 어떻게 어진 스승을 택하여 그림을 배우도록 하지 않을 수 있겠는가.

예전에 아리스티포스(Aristippos of Cyrene, 亞里第頗, BC 435?-355?)[37]라는 이름난 학자는 어떤 아이를 문하에서 놀게만 하였다. 아이의 아버지가 입학할 때 내는 비용[38]이 얼마나 드냐고 묻자 스승은 "수십 금이 듭니다"라고 하였다. 너무 많은 비용이 든다고 생각된 아버지가 "그 정도의 비용이라면 따로 선생님(僕)[39]을 모실 수도 있지 않겠습니까?" 하고 묻자, 스승은 "그렇습니다"라고 답하면서 “만일 이 정도의 비용이라면 반드시 두 분의 선생님을 모실 수 있습니다”라고 하였다. 그러나 지혜로운 자라면 차라리 가정이 물질적으로 궁핍하다 하여도 반드시 자녀의 교육을 부족하게 하지는 않는다.

서양의 선비들은 형편이 매우 가난해도 스승에게 교육비를 온전히 지불하면서 자녀교육에 최선을 다하였다. 이웃 사람들이 이를 보고 “거처할 집도 충분하지 못하면서 어떻게 선생님을 모셔 교육을 하는가”라고 꾸짖어 물었다. 이에 답하기를 “재물을 쌓아 두는 것은 자녀를 교육하는 것만 같지 않고, 집을 마련하는 것은 스승을 모시는 것만 못하다. 재물이 풍성한데도 스승을 모셔 자녀가 교육받게 하지 않으면 그 집은 장차 기울어질 것이다”라고 하였다.

夫家資器物種種, 必圖其良子乃家之督也, 乃獨不欲其良愚哉. 或欲盡祖考遺像, 必托繪工之巧者不恤費也, 乃教成子孫立肖祖考之活像, 豈可不擇賢師以繪之乎. 往者亞里第頗爲名學之領, 或有子使遊其門, 問束脩幾何師曰, 數十金, 父嫌其太多, 曰, 此金之重, 乃足以得僕, (師)曰然然, 若爾異時, 必將得二僕焉. 是以智者, 寧使家室乏貲, 必不使子孫乏教. 西士有居室甚貧, 乃其供師惟謹, 隣人誚之曰, 若尚未足供室, 奚以供師爲, 答曰, 積貲不若訓子, 供室不若供師, 盖財盛而子無教, 則室將傾矣.

4.7 그러므로 어버이가 교육을 안다면 자녀를 교육함에 있어 먼저 스승을 모실 것을 계획한 다음에 재물 축적을 도모할 것이다.

페르시아(Persia, 伯兒洗亞)[40]의 옛 풍속에는 아들을 낳으면 훌륭한 스승을 초빙하여 교육하는 것을 중요시하였다. 그리스는 이탈리아의 이웃 나라로 옛 풍속에 재정적으로 곤궁하거나 떠돌아다니느라 바쁜 사람들이 자녀교육을 할 수 없는 점을 염려하여 공립학교를 설립하고서 여러 곳에서 유명한 스승을 초빙하여 충분한 보수를 지급하며 교육하게 했다. 또한 마땅히 해야 할 교육을 제대로 하지 않을까 염려하여 공교육 기관[41]을 설립하고 그 미혹함을 지도하게 했다.

우리 서양의 여러 나라는 도시마다 하나의 대학[42]을 설립하여 두루 훌륭한 스승을 모시고 어린이 교육에 전념하도록 한다. 어떤 선비는 학문적으로 대성하여 위대한 사람임에도 불구하고 지위나 경제적 보상, 영달을 생각하지 않는 경우도 있었다. 또한 그 공을 천주에게 돌리고 국가에 도움을 주기 위해 학교 교육을 베풀고 교육하는 단체도 있었다. 그 단체가 바로 예수회(Society of Jesus, 耶蘇會)[43]이다.

故親之知道者, 但有子先計其師, 然後計其貲也. 伯兒洗亞國古俗, 或得生子, 便邀善師爲教主. 厄助濟亞吾土隣國也. 古俗恐人有困於財者, 有羈於冗者, 不能訓其子, 則在在立公學, 延西方名師, 重其祿以公教之, 又恐有懈不敎子者, 則立公司以指其迷而開導之. 吾西諸國每都會, 又立一大學, 遍邀師賢, 專務幼敎, 又有士旣成學, 而不計爵祿不計榮達, 但圖立功於天主, 有利於國家, 設學須訓者, 卽耶蘇會也.

4.8

예수회에서는 어린이 교육을 위한 학교를 설립하여 교육을 하기도 하고, 문과 교육을 수학케 하거나 천문을 담론하거나 만물의 성질과 이치를 분석하거나 천주교의 교리를 해석하는 것 등을 한다.[44] 모두 힘을 합하여 동지들이 어린이 교육에 힘써 하늘에서 인간과 사물을 주재하고 다스리는 것을 반드시 알게 해야 한다. 그리고 나라에서는 왕이 백성에게 명을 내리면 이를 존중하며, 가정에서는 어버이가 자녀교육을 잘하여 매일 효를 하고, 곳곳마다 이렇듯 하자는 것이 교육의 큰 뜻이다.

或開蒙學, 或脩文敎, 或談天文, 或剖性理, 或闡聖道, 皆合力同志, 務於幼敎, 必使其知天上有主宰治人物, 而當敬國中有皇敷命大衆, 而當忠室, 内有親敎養, 白凡而當孝日日如是, 處處如是, 此敎之大旨也.

5 가르치는 방법

敎之法

5.1 "어버이와 스승이 교육을 어떻게 해야 합니까?"라고 묻는다면 "말로도 하고 몸으로도 해야 한다"는 답이 맞을 것이다. 어린아이의 마음은 마치 아무것도 쓰지 않은 하얀 종이와 같고, 어버이와 스승의 말씀은 그 위에 붓과 먹으로 글씨를 써 넣은 것과 같아, 반드시 한번 써 넣은 후에는 깊이 오래 가게 된다. 그러므로 엄한 군주와 밝은 스승은 가르치기를 신중히 하여, 많은 내용을 간략하지만 번잡하지 않고, 바르면서도 한쪽으로 치우치지 않게 적절히 가르친다.

어떤 사람이 어진 선비에게 "어떤 스승이 가장 훌륭한 사람입니까?"라고 묻자 선비는 "말이 적은 사람이다"라고 대답했다. "그러면 그 의미는 말을 많이 할수록 빈말이 많아 실다움이 없다는 뜻이겠지요. 그렇다면 어떻게 해야 합니까?"라고 다시 묻자 선비가 대답했다. "집안에서 말을 적게 하는 사람이 드문데, 이런 사람은 귀하고 아름다워 집에 귀중한 보물을 둔 것과 같다. 그 보물을 잘 간직하여 노출되지 않도록 해야 한다. 따라서 교육에 있어서 좋은 방법 중의 하나는 근거 없는 말을 하지 않도록 하는 것이다." 예전의 어진 사람들은 스승을 초빙할 때 두 스승 중 누가 적합한 인물인지 알 수 없는 경우, 그 한 방법으로 말을 걸어 보아 마침내 말이 적은 자를 스승으로 택했다고 한다.

> 父師之敎維何, 曰言, 曰身, 夫童穉之心, 如未書素簡, 親師之舌, 如筆墨寫書, 必入之深, 而後存之久也. 故嚴君明師, 務愼始敎, 繁希而不繁, 正而不僻, 庶得其宜耳. 或問賢者, 師孰爲善, 答曰, 希言之師, 問故, 曰其言彌多, 其意彌虛, 言多而無實意, 奚足尚哉. 宇内惟希者貴美, 有重寶焉. 藏而不露, 乃敎之妙, 肯以浮言多露乎. 昔有賢者延師, 適二人同至, 未識誰可, 欲試之請言, 其一便佞口給, 其一希言人也. 遂擇希言者.

5.2 그릇이 작더라도 비어 있으면 큰 소리가 나고, 반대로 그릇이 커도 차 있으면 작은 소리가 난다. 어찌 이를 믿지 않으리오. 그렇기 때문에 예전에 이런 말도 있었다. "말이 많은 기술자는 열 번 물레질을 해도 그릇을 제대로 만들지 못하듯이, 말이 많은 스승이 훌륭한 인간이라는 아름다운 그릇을 만들 수 있겠는가." 무릇 아이를 가르치는 데

있어서 말이란 비단 잘하기가 어렵고 적게 하여 번거롭지 않아야 한다. 즉 망언, 쓸데없는 말, 오염된 말, 죄스런 말을 하면서 어떻게 자녀를 가르칠 수 있겠는가.

예전에 플라톤(Platon, 罷辣多)이라는 위대한 학자는 항상 유모에게 경계하여 말하기를 "어지러운 말, 빈말을 전하지 말고 시중에 떠도는 삿된 말을 전해서도 안 된다"라고 하면서, "무릇 어린아이의 마음은 마치 밀납과 같아 여기에 봉인을 하면 쉽게 흔적이 남게 된다"고 하였다. 옛 시에서도 "도자기 그릇을 처음 만들 때 물에 적신 점토의 물기운은 끝내 제거되지 않는다. 그러므로 어린아이가 처음 들은 삿된 소리는 끝까지 기억에 남는 것이다. 그러므로 지혜로운 아버지와 현명한 스승이라면 반드시 바른 말로 아이를 가르쳐야 한다. 그러나 몸소 실천함으로써 가르치는 것은 더욱 급하다"고 하였다.

曰器之虛, 雖小而發音大, 器之實, 雖大而發音小, 豈不信哉. 是以古有言曰, 多言之工, 十載不成器, 多言之師, 能成人之美器乎. 夫敎幼之言雖善, 且宜希而不繁, 則夫妄言誕言汚言罪言 奚其可能. 罷辣多大賢, 常戒乳母, 勿使亂述虛傳, 及井市邪言, 曰夫童之心若蠟焉. 印之易於成迹. 古詩云, 陶器初沾之氣, 終於不去. 故童幼初聞之邪聲, 究竟難忘, 則智父明師, 必須正言入訓, 乃可以敎子也, 雖然身敎尤急焉.

5.3 말로 가르치는 것은 마치 번개 소리가 사람을 놀래킨 뒤 얼마 지나지도 않아서 흩어져 버리는 것과 같다. 새는 몸으로 가르친다. 마치 소리도 나지 않는 빈총으로 곧바로 마주한 물체를 쓰러뜨리듯이 한다. 이는 귀로 총소리를 듣는 것보다 눈으로 총이 발사되는 것을 보는 것이 사람의 마음을 더욱 움직이게 하기 때문이다. 마음은 눈에 있고 눈은 곧 마음이다. 귀로 들어 마음으로 통하는 것보다는 눈으로 보아 마음으로 통하는 것이 빠르다.

세네카(Seneca, Lucius Annaeus, 色搦加, BC 4?-AD 65)[45]는 일찍이 어린이 교육의 길에 대해 말하기를, "굽은 길은 돌아서 가기 때문에 늦다. 실행하기는 어려워도 몸으로 보여주는 곧은 지름길은 가깝고도 빨라 둘러보기도 쉽다"고 하였다.

蓋言教, 如雷迅, 發震響, 非不警人, 未幾遂散歸. 鳥有身教, 如銃匪, 但虛響發彈, 直能毁偃所遭之物, 究其所以然, 兩目所擊較兩耳所聞, 振動人心尤切, 何也, 心在目, 目卽心, 目所視通乎心者. 速耳所聞達乎心者, 遲也. 色搦加嘗謂言道紆曲, 遙而遲, 行之難, 身道徑値, 近而速,遊之易.

5.4 서양의 시에 "내가 울기를 바란다면 그대가 먼저 울고, 내가 노래하기를 바라면 그대가 먼저 노래하라. 어찌 좋아하는 것만 할 수 있겠는가. 교육한 것을 반성해 보면 성공적으로 이루어 낼 수 있다"는 내용이 있다. 무릇 모든 날아다니는 짐승들은 말로 전하는 것을 기다리지 않아도 의사소통에 어려움이 없다. 하늘의 도(道)는 무슨 말을 해서 실행의 오류 없이 만물을 길러내는가.

수천 수백 가지 능력을 지닌 사람이라도 배우는 데 있어서 자세하게 하위 분야의 이론을 배워 어느 정도 수준에 이를 수는 있겠지만 훌륭한 스승을 만나지 못하면 원숙한 경지에 도달하기는 어렵다. 그림을 처음 배우는 자는 옛 그림을 보고 모방하고, 글씨를 처음 배우는 자는 아름다운 글씨 첩본을 따라 배워야 한다. 아이들을 가르치는 일만 어찌 그렇지 않다고 할 수 있겠는가. 농사짓는 사람이 어린 나무를 곧게 기르고자 한다면 반드시 반듯한 나무에 의지하여 묶어 두어야 하고, 그림 그리는 사람이 직선을 그리고자 한다면 반드시 먼저 바른 잣대가 있어야 한다.

泰西詩云, 汝欲吾哭, 先須汝哭, 汝欲吾歌, 先須汝歌, 豈有以其所好, 反其所教, 而能成者哉. 夫諸飛走, 非待言傳而無悖焉. 天道何言, 而行無謬, 萬物育焉. 至於百工之善(事), 學者雖聞細論, 非見其師, 己成之功, 不能熟其藝焉. 初學繪者, 須從古畵摹之,初學書者, 須從美帖, 須臨之敎子者, 何獨不然, 農者欲脩小樹使直, 必縛而倚諸端木, 繪者欲畵直線, 必先持乎正矩.

5.5

무릇 어버이와 스승이 스스로 바르면 어린이라는 나무도 단정한 나무가 되고 바른 잣대가 된다. 세네카는 "어린이의 모든 불초함은 어버이와 스승 두 사람으로 인하여 이루어진 결과이다"라고 하였다. 대개 아이가 어리석으면 그 어버이는 스승의 잘못된 행동을 보려고만 하며, 자신의 삿됨은 알지도 못하면서 스승은 마땅히 실천에 옮겨야 하는 사람이라고 생각한다.

알렉산더(Alexander, 歷山) 대왕이 수학을 배우기 시작했는데, 그 스승인 아르키메데스(Archimedes, 畧泥, BC 287-212?)[46]는 위대한 덕을 갖춘 박학한 학자였다. 그런데 절름발이와 앉은뱅이는 바르게 갈 수 없는 법이다. 알렉산더 대왕은 그런 불구의 스승으로부터 배울 바를 깨닫지 못하고 종신토록 절음발이와 앉은뱅이의 모습만 많이 보게 되었다. 이처럼 배우는 자는 스승의 미미한 행동이라도 익히고 거기에 물들기 때문에, 스승의 나쁜 것이 일체 아동의 마음에 쉽게 들어오지 않도록 해야 한다. 이미 들어왔다면 제거하기가 어려운 것이 이와 같다.

夫親師自正, 乃童幼之端木, 與正矩矣. 色搦加曰, 諸幼之不肖, 從親與師, 兩身而成焉. 蓋子之愚者, 親視師所行之邪, 不知其邪也. 以爲其所當行者耳. 歷山王, 始學習於數師, 碁泥大誠德博學之士也. 但跛躃不能正行, 歷山不覺法之, 而終身多見跛躃之狀, 噫嘻. 師之微疾, 習染如此則, 師之諸邪, 非徒易入於心, 旣入難出若此矣.

5.6

예전에 아이를 위하여 초빙하는 스승이나 선비 중에 비록 위대한 업적을 쌓아 학문적으로는 청아한데 몸은 음란한 자가 있었다. 아비가 이를 힐난하자 스승이 말하기를, "내가 그대에게 글을 가르치도록 청을 받았는데 혀로 하는 말에만 국한하면 됐지 어찌 몸에까지 그 임무를 부여하려 하는가"라고 하였다. 그러자 아비가 이 소리를 듣고 크게 화를 내면서 말하기를 "고루하다" 하였다. 이어 "고금의 성현들이 스승을 선택할 때 중시한 것은 덕과 행이다. 단지 글로 꾸며서 하는 말은 아름다운 행동이 아니기 때문이다. 그러므로 어떻게 이에 만족할 수 있었겠는가" 하고 물러갔다.

마르쿠스 아우렐리우스(Marcus Aurelius Antonius, 瑪辣加, 121-180)[47]는 서북국 로마의 옛 성인으로, 어릴 때 인근의 선생님 문하에 들어가 배우기 시작했다. 어느 날 스승이 경거망동하면서 노는 모습을 보고는 이내 그만 그 사문을 물러나면서 말하기를 "아버지가 아버지로서 자신의 몸을 지키는 것을 모르고서 다른 사람을 가르칠 수 있겠는가. 어버이와 스승의 몸은 어린아이의 귀감이 된다" 하였다. 배우는 사람은 이 점을 돌아볼 줄 아는 안목을 항상 갖춰야 한다. 즉, 어버이와 스승이라면 외부로 드러난 외적 형상에 대해 바르고 삿됨을 논하지 말고 반드시 아이에게 올바른 모습을 보여주어야 한다.

古者, 或爲子延師, 得士之文清而身淫者異而詰之, 師曰, 向爾請我教書, 特賃吾舌, 豈賃吾身哉. 其親大嗔曰, 陋哉, 古今聖賢擇師, 所重者德耳行耳, 文飾之言非美行之, 應何足尚哉, 辭之去. 瑪竦加西北國 古聖也, 幼時始學, 至鄰師門, 忽覩其輕玩狀, 則退曰, 夫夫也, 未知守身, 而足教人乎. 噫,親師之身, 幼子之鑑也, 學者往而照之, 目常在焉. 則其所發之像, 不論正邪, 必以爲正像矣.

5.7 비록 어린이는 배우는 사람이지만 또한 어버이와 스승의 거울이 되기도 한다. 이렇듯 아이의 행동거지가 어떠한가를 알고 싶으면 어버이와 스승이 어떤가를 보면 알 수 있다. 대개 하나가 왼쪽으로 치우쳐 있으면 다른 것은 오른쪽으로 치우치게 된다. 그러므로 어버이와 스승이 어질고 지혜로운 자라면 모든 것을 먼저 자신에게서 구한 다음 아이에게서 구해야 한다. 대개 이렇게 어린이를 교육하면 많은

성과를 거두게 된다. 어버이와 스승이 자신들이 말로 한 바를 실천에 옮기지도 않으면서 도리어 아이에게 어떤 것을 하지 말라고 한다면 배우는 아이가 이것을 믿겠는가. 신뢰가 없는데 어떻게 배움에 진전이 있겠는가.

세네카는 일찍이 말하기를 "어지러운 세상에 스승의 선한 말보다 더 좋은 것은 없지만, 선한 행동을 하지 않는 자에게는 상고시대에 리쿠르고스(Lycurgos, 利古兒峩)[48]가 만든 법에 따라 기강을 바로잡으니 대중이 감히 그 법이 정한 명을 위반한 자가 없었다"고 하였다. 어떤 사람이 그 까닭을 묻자 "법이 명한 바가 없더라도 먼저 실천에 옮기니 그 자취를 따라 대중이 감히 그대로 실행에 옮기지 않을 수 없었다"고 하였다.

雖然, 幼學者亦親師之鑑也. 欲知此之正邪靜動如何, 則視彼之正邪靜動如何, 盖此偏於左. 彼亦左, 此偏於右彼亦右, 故親師之賢智者, 先求諸身, 然後求諸子, 盖教多成乎信, 親師不行所言, 反好其所禁, 學者能信之乎, 不信而學可進乎. 色搦可嘗云 亂斯世者, 莫若師之善言, 而不善行者. 利古兒峩上古制綱紀, 衆無敢違命者, 或問故, 答曰, 吾未命而先行, 則吾所踐之跡, 衆不敢不踐之也.

5.8

예전에 어떤 장군이 적국을 정벌하기 위해 군사들과 코끼리 무리를 거느리고 하천을 건너야 했다. 그런데 코끼리들이 하천을 건너지 않으려고 버텼고, 여러 가지 지략을 동원해도 일이 진척되지 않아 위급한 상황에 처하게 되었다. 어떤 사람이 칼을 들어 대장 코끼리를 위협하면 하천을 무사히 건널 수 있다는 제언을 했는데, 정말로 다른 코끼리들이 복수심에 분노하면서 대장 코끼리에게 상해 입힌 자를 뒤쫓아가 마침내 모두 하천을 건너게 되었다. 이를 본 어떤 사람이 탄식하며 "간계를 동원하여 가르치면 구제하기 어려우나 몸으로 가르치면 마침내 구제하게 된다. 이를 믿어라" 하고 말하였다.

말이란 하기는 쉬우나 사람으로터 믿음을 얻기는 어렵다. 그에 비해 행동은 실천에 옮기기는 어렵지만 신뢰를 얻기는 쉽다. 그러므로 어버이와 스승이 바르게 교육을 하고자 한다면 반드시 자신의 몸가짐을 본보기로 하고, 아름다운 행동으로 그 말을 진실되게 하면 믿고 따르기가 쉬워진다.

昔日大將, 欲征敵國, 率兵及戰象將濟河, 群象不肯濟, 百謀不能進, 事急矣. 或爲之計, 執刀傷其首象, 輒過河去首象圖, 復讐忿而從之, 衆遂悉濟, 或嘆曰, 嗟乎, 教率以干計未克濟而一身教之遂濟也, 則信哉. 言者易造, 而難得信人, 于行者難造, 而易得信于人也. 故親師欲立正教, 必本諸身, 而美行實其美言, 則信從易矣.

6 교육의 균형: 상과 벌

6.1 자녀를 지나치게 사랑하는 어버이는 다른 사람이 자기 자녀의 나쁜 점에 대하여 꾸짖는 것을 참지 못한다. 그런데 이렇게 하면 자녀의 나쁜 생각이 점차 커져 아름다운 기질에까지 병이 들게 된다. 스승이 지나치게 엄하게 하면 아이의 착한 점을 드러내지 못하고 그 착한 마음이 때로는 꺾여 학업 의욕을 저하시키기도 한다.

예전에 유명한 현인 솔론(Solon, 束欒, BC 638-558)[49]은 일찍이 말하기를 "아이를 통제하는 좋은 방법으로는 상과 벌이 있다. 가르치는 것은 통제하는 것보다 더욱 어려우므로 상과 벌 두 가지 방법 중 어느 하나에 집착하지 않아야 한다"고 하였다. 오호라 이렇기 때문에 어떤 선철은 일찍이 말하기를 "상벌이 교육에 있다"고 하였다. 이는 마치 새의 두 날개, 배의 두 개의 노와 같아 하나라도 없으면 불가능한 것과 같다. 무릇 어린이가 하늘로부터 품수반은 기질의 발달이 왕성하게 되어 이를 통제하지 않으면 감정에 따라 좋아하는 것과 미워하는 것, 두려움, 소망하는 바 등을 마음대로 하게 된다. 그리하여 행동하는 것에 여유가 없게 된다.

親之溺愛者, 不忍責其子之惡, 使惡念一長, 而美質病. 師之過嚴者, 不獎掖其童之善, 使善志時屈, 而學業衰. 古之明賢東巒氏, 嘗曰, 治之法, 妙在賞罰, 況敎之比治尤難, 非執賞罰兩端也. 嗚呼成, 是以先哲嘗謂賞罰之於敎育也, 如鳥雙翼, 如舟雙槳二者, 廢一不可也. 夫幼穉者, 稟氣之盛, 莫不躁急, 率情任意, 所愛所憎, 所惧, 所望, 擧動莫不踰閑.

6.2

비유컨대, 망아지가 달리고 울고 음식물을 씹고 하는 것을 능숙하게 하려면 훌륭한 기수의 도움과 숙달된 조련사의 통제가 있어야 한다.

예전에 훌륭한 스승이 머무는 공간에는 학교를 설립하여 그 왼쪽에는 화관을 그리고 오른쪽에는 가시나무 가지를 그렸다고 한다. 대략 가시나무는 나태함을 징벌하기 위함이라면 꽃은 상을 주기 위함이었다. 또 서양의 서남지방에 예로부터 유명한 한 학교[50]에서는 실생활에서 배움에 힘쓰는데, 매번 식사를 한 다음 반드시 학교에서 학업에 열중하게 한 다음 그 결과를 보아 뛰어난 자는 칭찬하고 드러내어 음식을 후하게 대접하지만, 나태한 자에게는 질책하여 음식을 소략하게 했다. 이 때문에 이 학교로부터 뛰어난 인물들이 배출되었으며 다시 노예 신분으로 되돌아가지 않아도 되는 이들이 많았다.

대개 덕이 있어 명예를 드러내고자 하는 사람은 열심히 학업에 임하는 반면, 악한 사람은 부끄러운 것에 노출되면 학업에서 물러난다. 하물며 명예는 어떻겠는가. 어린이는 자신이 좋아하는 바를 배운다. 어린이가 명예를 좋아하면 스스로 배우는 데 따르는 고통을 마다하지 않는다.

譬之, 馬駒, 驅馳踍豁, 惟意所之, 非得善騎之士, 調習而抑腹之, 不獲其用矣. 往者明師之堂, 常設學圖, 左畵花冠, 右畵荊條, 盖荊以懲怠, 花以賞敏也. 西南古有名庠, 務實學, 每將饔飧, 必聚學者于堂, 而察其功業, 敏者稱揚, 而厚其餼廩, 懈者呵斥, 而約其飮食焉. 以是俊士出其門者, 未易更僕數也. 盖德蒙譽者勉焉, 惡遭辱者, 退焉, 况譽尤, 幼者所愛, 旣愛譽學而不厭其苦矣.

6.3

어린이는 부끄러운 것을 꺼린다. 그런데 이런 부끄러운 것을 배워 익히게 되면 스스로 나태함을 잊어버린다. 성경[51]에 이르기를 "훌륭한 어버이는 반드시 사랑하는 아이의 잘못을 꾸짖는다. 그 잘못에 대해 꾸짖고 응징하지 않으면 자녀가 나쁘게 된다"고 했다. 대개 아동의 나쁜 것을 앞에서 꾸짖지 않고 후일에 경책하지 않으면 날이 갈수록 자세가 거만하고 나쁜 길로 들어서서 악이 쌓여간다.

물방울이 하나둘 모여 강과 하천을 이루고 떡잎이 자라서 나무가 되듯이 아이의 성격도 그렇게 모여 만들어진다. 교육으로 나쁜 것을 바르게 고쳐 가는 것은 어렵지 않지만, 나쁜 것을 오래 익혀 습관으로 굳어지면 바로잡기란 쉽지 않다. 지혜로운 의사라도 질병의 뿌리까지 찾아내어 미미한 싹을 단절하지 않으면 장차 환자를 죽음에 이르게 할 수 있다. 그러므로 말하기를 "병을 치료하는 의사가 병자의 요구에 순응하는 것보다 더 독한 것이 없고, 어버이와 교사가 되고자 하는 사람이 아동의 잘못됨을 보고 애석히 여기기만 하는 것보다 더 큰 병은 없다"고 했다.

辱尤幼者, 所忌旣忌辱學, 而自忘其懈矣. 聖經曰, 善親必責懲其所慈之子, 則不責不懲者, 必惡其子者也. 盖童幼之惡, 不懲于前, 則無警於後, 乃日愈恣侈, 而惡日愈積矣. 夫涓滴之水, 漸成江河, 兩葉之樹, 漸成合抱, 童幼之質, 不難從教而改邪焉. 俟其習惡之久, 而欲正之, 必不易也. 醫之智者, 謹於微萌, 而惡疾遲於斷根, 將致喪患, 故曰, 醫者, 莫毒於順病者之欲, 親師莫病於惜童幼之邪也.

6.4 그러므로 예전에 성현은 어린이를 교육함에 있어 스스로 예가 아닌 말은 하지도 않고 의롭지 않은 감정을 내보이지도 않았는데, 이는 모두 어버이와 교사가 어린이 교육에 대한 책임을 스스로 물어 그 벌을 대신 받고자 한 것이다.

소크라테스(Socrates, 束格辣德)와 디오게네스(Diogenes, 弟阿日搦)는 상고시대의 명사로, 어린이가 삿된 것에 빠진 것을 보고 그 어버이에게 매를 한 대 치고 교사에게도 손바닥을 한 대 치면서 말하기를 "이것은 그대들의 죄다. 만약 처음부터 삿된 것을 용납하지 않고 바르게 가르쳤다면 어찌 여기까지 이르렀겠는가" 하였다.

유대(Judaea, 德亞古)[52] 나라는 예전에 도덕이 살아 있는 국가였다. 그 나라의 유명한 주교가 말하기를 "에리스(Aries, 厄里氏)[53]는 마음이 바른 사람이었으나 두 자녀의 나쁜 점을 꾸짖어 벌하지 않아 마침내 천주가 그 나라를 버리게 되고 두 아들도 난을 당해 모두 죽고 결국 에리스 자신마저도 우환으로 죽었다. 이렇게 보면 자녀가 망가지게 되는 것은 어버이가 삼가지 않은 데 원인이 있다. 그렇기 때문에 자녀가 욕을 보이면 어버이가 몸소 그 대가를 돌려받는 것이 마땅하다"고 하였다.

故古之聖賢, 于幼者非禮之言, 非義之情, 皆歸親師, 而欲其代受罰焉. 束格辣德及弟阿日搦皆上古名士也, 遇幼者溺於邪, 卽一杖其親, 一掌其師, 曰, 惟爾之罪. 若初弗納于邪, 教之以正, 豈至此乎. 如德亞古爲道理之邦, 有名士主教, 曰, 厄里氏者, 其心雖正, 然未能懲其二子之惡, 竟爲天主所棄, 其國遭亂二子皆喪, 厄里氏亦以憂死, 以此觀之, 子亡旣係於親之不僅, 而裁戮還逮於親之躬宜矣,

6.5

대개 망아지를 길들일 때 달리는 본보기가 없이 그저 달리게만 하면 반드시 넘어지게 마련이다. 부모가 자녀의 잘못됨을 그냥 놓아두면 마침내 그 욕됨도 또한 이와 같지 않겠는가.

서양 역사에 보면 이런 내용이 실려 있다. 예전에 한 아이가 종횡으로 거슬리는 행동을 멈추지 않고 지속하자 관리와 교사가 이를 붙잡아 국법에 따라 형벌을 받게 했다. 형벌을 가할 시기가 되어 그 아이를 시내에서 벌주고자 하는데 아이가 부모를 만나 결별을 고하고자 하는 것처럼 청을 했다. 이를 허락하자 아들이 아버지 앞에 이르러 귀에 대고 무엇인가 말하고자 했다. 이에 아버지가 개인적으로 하고 싶은 말이 있으면 해보라 하니 아들이 부자지간의 정의를 깨는 듯 말하기를, "제가 아버님께 불초한 것은 압니다. 그런데 일찍이 이를 꾸짖지 않으시어 저를 이 지경에 빠지게 했습니다"라고 하였다. 오호라, 부모가 처음에 가르쳐 바로잡지 않으면 반드시 그 아들이 쉽게 곤경에 처하게 된다. 부모는 이를 경계하고 또 경계하야 한다.

예전에 어진 선비가 어버이는 자녀를 양육하는 데 있어서 부지런히 해야 한다고 권하면서 다음과 같이 말했다. "아이의 나쁜 면을 보고 걱정을 하지 않으면 장차 끝없이 치욕을 당하게 된다. 차라리 아이의 잘못으로 부모가 책망받는 것을 보고 아이가 통곡하게 할지언정, 자식이 사형받는 것을 보고 부모가 울지 않게 하라."

盖養駒而不範以馳驅, 必將被其傾顚, 父母順其子之邪侈, 終被其辱亦宜乎. 西史載昔有童幼橫逆不止, 士師執之, 依國律命服上刑, 期至, 將戮于市童求見父, 假欲永訣, 許之. 至父前, 則附耳. 若有私言者, 乃噬其契曰, 向者爾知我不肖, 而未嘗責, 乃至陷我至此耶. 嗟乎, 父母不敎於初, 必致其子于厥, 終之難矣. 戒之戒之, 往者賢士, 勸親以謹于養育, 曰, 勿恤爾子之惡, 不則, 將遇無窮之辱, 寧使爾子見責, 而哭, 勿令爾見子死于刑而哭也.

6.6

아들이 법정(公堂)[54]에서 매맞는 형벌을 받는다면 이는 아비의 잘못을 꾸짖는 것이니 영광이라고 하였다. 스파르타(Sparta, 스파르타의 옛 이름은 Lacedaemon, 辣責德抹納)에서는 아들이 부모의 품을 떠나면 바로 훌륭한 교사에게 맡겨 부지런히 학문을 배우도록 하고, 배움을 시작할 때는 언행이 삿된 데 빠지지 않게 했다. 만일 교사가 아이를 꾸짖어도 행실이 고쳐지지 않으면 그 아버지를 불러 대신 매맞는 벌을 받게 했다. 이에 대해 아버지가 와서 항의를 하면 더욱 형벌을 무겁게 했다. 비록 벌로 다스려 교육의 성과는 낮았지만 어린이가 안팎으로 징벌받는 것을 직접 보고 비로소 배우기에 주력할 수 있었다. 그러므로 서양의 옛 속담에는 "오직 스파르타만이 교육을 제대로 한다"라는 말이 있었다.

오늘날은 자녀의 잘못된 행동으로 부모를 책망하지 않을 뿐만 아니라 교사에게 대신 책임을 묻지도 않는다. 그러나 지나치리만큼 그 허물의 크고 작음을 묻지도 않고, 기질의 개인차를 고려하지 않은 채 함부로 벌로 형을 일삼는 것은 모두 옳지 않다.

爾子被公堂之笞辱也. 被爾之責榮也. 辣責德抹納有子僅免懷抱, 卽寄於賢師, 使勤遊學, 學時, 言行忽溺於邪, 賢師切責不改, 杖之, 其父(子)來訴, 更加刑焉. 幼者内外見懲, 始力學而底于成, 古西諺曰, 惟辣責德抹納善教育也. 今者于子之惡, 非但弗責己也, 又不使其師代責之, 然或過於嚴, 不審於愆之大小, 不察於氣之殊稟, 而漫刑焉. 皆非也.

6.7

대개 아이의 나쁜 행동이 심각하지 않다면 한번만 꾸짖어 경계해도 반드시 깨닫고 바르게 돌아온다. 그런데 지나치게 엄히 다스릴 필요까지 있겠는가? 예전에 어진 사람이 이를 비유하여 말하기를,[55] "바람과 태양이 누가 나그네의 옷을 먼저 벗기는가 그 힘을 겨루어 보기로 했다. 바람이 먼저 폭풍을 일으켜 휘몰아치자 나그네는 마치 강탈을 당하는 사람처럼 갈수록 옷을 꼭 여미며 지켰다. 그러나 태양은 뜨거운 빛을 쬐여 몸에 온기를 넣어 주었고, 그러자 나그네가 자기도 모르게 옷을 벗어 버리게 되었다. 마침내 태양이 바람을 이긴 것이다"라고 하였다.

지혜로운 어버이와 스승이라면 선(善)으로 권면하여 어린이의 삿된 정서만을 제거하고 기질을 고치게 한다. 어리석음을 고치기 위하여 꾸짖는 한편 격려도 하고 손으로 때리고 발로 차기도 한다. 그렇게 해도 아이가 착한 사람이 되지 않는다면 엄하게 가르치는 게 무슨 도움이 되는가. 그러므로 우리 서양에서는 모든 배움에 있어 상벌(영예와 치욕)을 가르치는 두 가지 방법으로 삼았다.

蓋童幼之惡未深, 或一提撕警戒之. 必醒悟歸正, 何必過嚴乎. 昔有賢者, 設譬曰, 風與太陽爭力强弱, 試解人衣, 風先暴起, 擊人之體, 似欲强奪其衣裳者, 而人愈謹持其衣, 太陽不然, 旁射其光, 熏入肌骨, 使人不覺袒裼, 風遂讓太陽爲勝, 噫嘻, 親師之智者, 以善勸而奪其幼者之邪情, 俾其改若愚者, 呵斥詬厲, 手批足蹴, 而竟不能使子善也, 雖嚴何益矣. 故吾泰西諸學, 以榮辱爲教之二具焉.

7 學之始
배움의 시작

7.1 배움을 귀하게 여긴다면 순서에 따라야 한다. 먼저 근본을 세운 다음에 끝에 이르게 하는 것이다. 여기서 근본이란 인(仁)을 말한다. 인이란 몸을 닦고 가정을 가지런히 하는 근본이자 모든 선(善)의 어머니이다. 그러므로 배움을 시작함에 있어 인을 본받아 배우는 것이 그 지름길이다. 그리고 인을 주체로 삼아 배움과 동시에 또한 천주에 근본하여 배우라. 천주를 근본하여 배운다는 것은 천주를 경외하는 것을 가장 머리되는 일로 삼는 것이다. 그 까닭은 우리가 마땅히 사랑하고 공경해야 하는 것으로 그보다 더 크고 존경할 것이 없기 때문이다.

성경[56]에서는 이렇게 말씀하고 있다. "앎의 비롯은 천주를 두려워하는 것으로부터이고, 강과 시냇물은 원래 큰 바다에서 비롯되어 다시 바다로 돌아가는 것이다." 인간의 본성은 원래 천주에게서 나온 것이다. 그러므로 인간의 배움이란 그 근본으로 돌아가 마침내는 천주에게 귀의하는 것이 옳다.

봉황은 깃털이 있는 짐승 가운데 가장 존귀한 것으로 적극적이고 남성적인 양(陽)의 성질에 속한다. 그런데 봉황은 눈을 태양에 마주 대하는 것을 즐긴다. 그래서 봉황이 새끼를 낳으면 이를 가르친다. 그런데 제 새끼가 눈으로 태양을 마주 대하지 않으려 하면 어미는 새끼를 같은 봉황의 부류로 여기지 않고 불초한 자식을 기른다고 여긴다.

凡學貴以序而進焉, 則先立乎其本, 而後及其末, 本者仁也, 修齊之根, 而諸善之母也, 則始學體仁者, 徑道也. 乃仁之學, 又本於天主, 卽以敬畏天主爲首功. 盖吾之所當愛, 及所當敬者, 莫大莫尊故也. 聖經云, 知之始畏主, 江河原出於洋, 而終歸入于洋, 人性原係于天主, 則人始學返其本根, 終歸天主者義也. 鳳爲羽禽之尊, 陽屬也, 喜對目于太陽, 生子卽以是習之, 其目不敢對太陽者, 以爲不類, 不肖育也.

7.2

코끼리는 달리는 짐승 가운데 음(陰)[57]의 부류에 속하는 동물이다. 매달 보름(朔月)이 되면 맑은 시냇가에 가서 밝은 달 아래 몸을 씻고 고개를 들어 춤을 춘다. 그런데 어미가 이런 행동을 어린 새끼에게 가르치고 익히도록 하려고 하는 것이 이채롭다. 어리석은 짐승이라도 그 근본을 아는 것이 이와 같은데 하물며 인간은 만물의 영장이 되어 이와 같지 않을 수 있겠는가.

아테네(Athene, 亞得納)는 서양의 상고시대에 모든 학문의 총본산을 이루는 도시로 사해에서 배움에 뜻을 둔 자들이 다 이곳으로 모여들었다. 그 가운데 위아래로 두 개의 학교(堂)[58]가 있었는데 위쪽 학교의 머리말에는 "반드시 천주를 따르라"는 글이 쓰여 있었고, 아래쪽 학교의 머리말에는 "반드시 너 자신을 알라"라고 쓰여 있었다. 이는 많은 학생들에게 천주를 따르지 않는 것을 생각하여 자신을 미루어 자신을 알라 한 것이고, 그렇게 하지 않으면 학문을 이룰 수 없다는 뜻이다.

페르시아(Persia, 伯亞西亞) 역시 교육을 하는 데 근실한 나라였다. 이 나라 왕[59]은 아들을 하나 얻었을 때부터 신하 가운데서 네 명을 선발하여 아들의 스승으로 삼았다. 그 네 명의 스승 가운데 가장 훌륭한 자에게는 먼저 자신의 아들을 가르치는 일을 맡기고, 천주께 하는 예로 그 스승을 대하니 백관과 서민에 이르기까지 따르지 않는 사람이 없었다.

象爲走獸之大, 陰屬也, 每望朔, 至淸川帶太陰滌身, 昂首舞躍, 而因教習其小象異哉, 禽獸之愚, 似覺識其本, 乃人之靈反不若是乎. 亞得納上古爲總學之市, 四海志學者咸集, 其中立上下二堂, 上堂題曰, 必從天主, 下堂題曰, 必知己, 示衆學者, 非從天起見, 而推及于知己定, 不能成其學也. 伯亞西亞亦勤于教育之國也, 王始有子, 選臣中四士以師之. 四中至善者, 先任以教子事, 上主之禮, 而百官庶民, 無不從之矣.

7.3 코린트(Corinth, 格肋達)[60]는 서양의 서해에 있는 유명한 나라였다. 이 나라는 예전에 위대한 현자의 가르침을 받아들여 부지런히 교육에 힘썼다. 그래서 어린이로 하여금 위로 지존의 천주를 섬기고 두려워하는 것을 배운 다음 앞선 성현의 공덕을 생각하게 하며 마지막으로 율법을 배우게 했다. 혹 가르침을 준 위대한 현인의 뜻이 어디에 있는가에 대해 묻으면 이렇게 답했다. "어린이가 위로 천주를 섬기는 것을 안 다음 성현의 도를 행해도 성현의 도를 실천하는 데 어려움이 없고, 그런 다음에 가정을 다스리고(齊家) 국가를 다스리게(治國) 한들 무슨 어려움이 있겠는가."

유대(Judea, 如德亞)국의 한 성현은 이렇게 말했다. "다윗(David, 達未得, BC ?-961)[61]은 자신이 세상을 떠날 무렵 나라를 어린 자식에게 맡기며 부탁하여 말하기를 "나는 얼마 후면 죽는다. 그대가 부족함이 없는 임금이 되어 위태로움이 없게 하라. 천주를 경외할 수 있다면 얼마 지나지 않아 학문에 대성하고 선왕의 통치를 계승하게 될 것이다"라고 하였다. 그 아들이 부왕을 대를 이어 왕위에 올라 아버지의 유훈을 따르니 마침내 이름난 왕이 되었다.[62]

페르시아(Persia, 伯亞西兒)라는 나라에서는 지혜로운 왕[63]이 영특한 세자를 얻었다고 하면서 다음과 같이 말하였다. "다리우스(Darius, 濟祿, BC 550-486)[64]에게 가르치기를 나와 그대가 나눈 말을 가슴에 담아 사랑스런 어버이께서 주신 귀중한 보배로 여기고 평생 동안 주께서 명하신 바를 경외하며 주야로 그를 섬기고 일마다 기도하는 것을 잊지 말라."

> 格肋達西海名國也, 昔承大賢之教, 勤於教業, 使其幼者, 先學畏事至尊上主, 次使念前聖賢之功德, 終使習於律法, 或問大賢之意答曰, 幼者知事上主, 而後行聖賢之道不難, 行聖賢之道, 而後齊家治國何難之, 有如德亞國 昔有聖賢曰, 達未得者, 臨崩將寄國於幼子, 囑曰, 吾將逝矣, 爾猶未足爲君殆哉, 然能畏敬天主, 庶幾成學而承先王之統耳. 子代立, 遵父訓, 卒成顯王. 伯亞西兒西國智王, 得明世子曰, 濟祿, 而教之曰, 吾與爾言, 爾謹藏諸胃(胸), 以爲慈親之重寶, 生平謹畏主命, 晝夜事之, 事事禱之勿忘也.

7.4

대개 어린이에게는 부족한 점이 있지만 천주께서 이를 키워주시어 부족한 점을 채워주시니 이 또한 지혜롭지 않은가. 다리우스는 삼가 이런 교육을 받아 그런 생각을 하고 있었다. 마침내 그는 왕의 유업을 계승하여 만세에 드러나게 하였다.

이렇게 보면, 국가가 발전하는 데는 가정이 안정되고 산업이 번창한 다음에 어린이에게 천주를 경외하라고 가르치는 것보다 더 좋은 방법이 없다. 대개 어린이는 높은 자질과 왕성한 힘이 갖춰져 있다 할지라도 약한 풀과 같아 결코 오래갈 수 없다. 나의 아이들이 만일 이런 순서에 따라 교육받는다면 어떻게 전복되어 무너지겠는가. 오직 천주와 어진 도(道)만이 시대의 변화에도 변질되거나 손상되지 않으니 우리 아이들이 영원히 의지할 만하다. 예전에 천주를 경외하고 인도를 실행하지 않는 사람이 있었다. 그는 법을 어기고 풍속을 어지럽게 하며, 가정을 잘 다스리지 못하고 국가를 어지럽히며 요망한 것을 세워 믿었다. 그러나 천주께서 하시는 것을 경외하지 않을 수 없었다. 대개 천주를 경외할 줄 모르는 사람은 반드시 군신 간의 의리, 부자간의 친함, 부부간의 구별, 어른과 아이 간의 질서, 친구 간의 믿음이 존재하지 않는다.

蓋幼者, 無所不短, 而天主無所不長, 以長補短, 不亦智乎. 濟祿謹受教, 念茲在茲, 竟起王業表萬世, 由此觀之, 欲定國, 安家, 植業昌後, 法莫善乎教幼畏主矣. 蓋高資豊勢, 皆比弱草不可久也. 吾子賴之, 豈不得傾顚, 而偃仆乎. 惟斯天主, 惟斯仁道(惟天主與仁道), 弗屬時變, 弗得傷損(無時變損), 吾子可永賴也. 向者有不行斯道者, 犯法, 壞俗, 敗家, 亂國, 妖孽, 立至信哉. 天主之不可不畏矣. 蓋未知畏天主, 必于君臣之義, 父子之親, 夫婦之別, 長幼之序, 朋友之信無所存也.

7.5 예전에 현인이 말하기를 "천주를 섬길 줄 아는 사람은 임금에게 충성하고 어버이에게 친하게 함을 모를 리 없다. 천주를 섬길 줄 모르면서 임금에게 충성하고 어버이에게 친하게 하는 사람을 본 적이 없다. 이렇듯 천주를 섬기는 것은 임금을 섬기고 어버이를 섬기는 근본이 된다"고 하였다.

그리스(Greece, 厄助濟亞)의 상고시대에 이단자가 있었는데 바로 에피쿠로스(Epikuros, 厄比姑樂, BC 342-271)[65]라는 자였다. 그는 성격과 학문은 미세하면서도 폭이 넓었지만 천주께서 만물을 주재한다는 것을 의심하고 경외할 줄 몰랐다. 그런 무리들은 상식에 어긋나고 사치와 풍속을 어지럽혀 그 해로운 영향이 이루 말로 다할 수 없었다. 그러므로 학식과 덕이 높은 사람은 그 아이들이 바른 도로써 천주를 공경하여 날로 발전을 거듭하게 되었다. 반대로 소인 이단자는 천주를 소홀히 하는 것을 좇아 날로 나쁜 데로 빠져들어 갔다. 세상 사람들은 대부분 자녀를 가르칠 때 많은 돈으로 예술에 뛰어나고 박학한 교사를 초빙하고자 할 뿐만 아니라 금은보배로 정성과 덕을 이루려고 한다. 그러나 이렇듯 수많은 경제적 투자에 의존하여 자녀를 교육하는 것으로는 천주의 은총을 얻을 수 없다는 것을 모른다.

故賢曰, 知事天主, 無不知忠君而親親者, 未見忽天主者而能忠君而親親者也. 以此知事天主, 爲事君, 事親之本矣. 厄助濟亞上古有異端者, 名曰厄比姑樂, 其性學細且廣, 但有疑於天主宰制萬物, 而不知敬畏, 其徒之橫逆, 邪侈亂俗流毒(邪亂流毒), 不可勝言, 是以君子正道, 從敬天主, 而日進焉. 小人異端, 從忽天主而日流焉. 世人爲子計, 多欲豊之以重祿, 引之於美藝, 進之於博學, 而且玉成之以誠德, 然尙未知此種種美資, 非主之聖寵, 不可獲矣.

7.6 옛 시에 이런 말이 있다. "예로부터 지금에 이르기까지 상고시대의 성인과 뛰어난 인물들은 천주께서 주신 두터운 은총이 아니면 그런 인물됨을 이룰 수 없었다." 또 성인 마티아스(St. Matthias, 篤彼亞, ?-?)[66]는 옛날 성직에 임할 사제를 교육할 때 그 제자를 꾸짖어 이렇게 말하였다. "어려움에 처하여 비록 가난하고 힘들지만 부지런히 천주를 경외하면 아마 갖추지 못할 것이 없을 것이다."

대개 천주는 지극히 자비롭고 선하여 반드시 사랑하는 아이들로 하여금 가난의 고통을 오래 받지 않게 하신다. 하물며 신하로서 충성스런 자는 임금이 반드시 그를 받들 것이요, 어버이에게 효를 행하는 자녀는 어버이에게 사랑받을 것이다. 또한 배우는 데 부지런한 사람은 스승이 반드시 상을 내릴 것이다. 그러기에 사람됨이 어진 자에게는 천주께서 반드시 이를 이루도록 하시니 어찌 의심하는가.

예전에 서양의 선비 중에 아풀레이우스(Apuleius, 亞兒伯多氏, 123-?)[67]라는 이가 있었다. 그는 어려서 한결같이 배움을 궁구하는 데 몰두했지만 재주가 짧아 뜻대로 되지 되자, 저녁마다 천주께 크게 보우하시도록 기도하며 사람의 도리를 다함에 게을리하지 않았다. 그러자 얼마 지나지 않아 기질이 맑고 밝아져 친구들과 달리 막히는 책이 없었고, 연구하지 않아도 이치가 통하지 않는 것이 없었다. 마침내 그는 세상의 이름난 스승이 되었다.

古詩云, 古往今來, 聖神俊傑, 非天主厚寵, 莫能成器, 篤彼亞古敎之聖士, 時誨其子曰, 吾曹雖雖居困約, 然能殷勤敬畏天主, 則亦庶乎, 無所不備焉. 蓋天主至慈至善, 必不使其所寵之子窮苦久矣. 況臣之忠者, 君必崇之, 子之孝者, 親必慈之, 學之勤者, 師必賞之, 則人之仁者, 主必成之, 曷疑焉. 曩者西士亞兒伯多氏, 幼時一心向格窮之學, 而短于才, 不能如意, 旦夕祈天主洪祐, 實踐仁道, 而不敢惰, 未幾氣質清明, 非衆友比, 無書不通, 無理不究, 而竟爲世名師.

7.7 이 때문에 서양의 모든 학교에는 보통 여러 가지 교과목을 개설하여 운영하고 있지만, 그중에서 위로 천주를 섬기고 공경하는 과목을 반드시 가장 중요한 으뜸 과목으로 삼았다.

예전에 우리 고향에서는 어린 자녀를 스승에게 맡기고 그 배움이 날로 진전되는가를 살피도록 했다. 한 스승이 아이의 아버지에게 "아이가 우둔하고 미약하며 재주도 없어 학업 성취가 미진합니다"라고 말하였다. 아버지가 "비록 재주가 없어도 어진 사람은 될 수 있지 않습니까?" 하고 물으니 스승이 가능하다 하였다. 아버지는 이어 "나는 단지 아이가 어진 사람이 되어 천주를 경외하기만 하면 만족할 따름입니다. 그 재주를 논할 필요까지 있겠습니까. 어진 도를 실천한다면 우둔하고 미약한 사람이라도 반드시 밝고 강해지며 배움에 진척이 있어 이치에 밝음이 마치 손바닥을 보는 것과 같을 것입니다"라고 하였다. 스승이 아버지의 말을 듣고서 그대로 가르치니 마침내 아버지의 말이 틀리지 않았다. 아버지가 스승에게 "그러면 어이들에게 천주를 섬기는 도는 어떻게 가르쳐야 합니까?" 하고 물으니, 스승이 이렇게 답했다. "참됨을 알고 깊이 감사하며 간절히 천주를 따르라. 이 세 가지를 다 실천에 옮기면 천주를 공경하는 도를 모두 실행하는 것이다."

因是泰西諸庠, 凡具陳其學之條目於堂中, 而敬事上主, 必爲目首焉. 往者吾鄕, 或托小子於師, 已而察其學益, 師曰, 爾子愚弱不才, 業未進也. 父曰, 非才亦能爲仁否, 師曰, 能, 父曰, 吾但欲其爲仁畏主足矣, 何必論其才也, 況果行仁道, 愚弱必明, 弱必强, 進學明理, 若視掌耳. 師聞之, 卽如其言敎之, 卒符其父之言, 然敎幼者, 事天之道, 若何方可, 曰, 認之眞, 謝之密, 從之切三者盡, 而畏主之道盡矣.

7.8 무릇 진실을 안다는 것은 만물의 주재자가 지극히 존엄하여 어디에 대적할 바가 없음을 아는 것이다. 대개 바른 도는 오직 하나이지 둘이 아니어서 바른 도와 삿된 도가 함께 수용되지는 않는다. 집안에는 아버지 한 분이 계시고 나라에는 한 분의 왕이 있으며 하늘에는 하나의 태양이 존재하고 만물 가운데는 하나의 주재자가 존재하는 것이 당연한 이치이다. 이는 이미 천지에는 참다운 주재자 한 분이 만물을 주재하고 만민을 길러내며 시시각각으로 사람들의 삶을 구원하심을 아는 것이다. 따라서 싫어하여 공경하고 우러러보지 않을지라도 매일 그 감사함에 보답해야 한다. 그러므로 간절한 마음으로 어버이를 사랑하고 아침저녁으로 받들어 공경하며 그 공덕을 드러내고 성현의 뜻을 드러내 이단 사설을 물리치는 것으로도 오히려 그 은혜에 미치지 못한다.

대체로 진실한 마음을 가진 사람이라면, 말은 사실에 근거하여 하고 행동은 과감하게 하며 성현이 경계하신 바에 따라 실행하여 도덕으로 실천하고 있음을 성현으로부터 확인받아야 한다. 그렇기 때문에 예부터 성현이 그렇게 말씀하신 것이며, 진실로 배움이란 이를 벗어나지 않는다. 그러므로 어린이가 배움을 시작하는 데 이를 말미암지 않을 수 있겠는가.

夫認之眞, 必欲其明萬物之主, 至尊無對, 蓋正道有一無二, 而正邪不可併容, 家中一父, 國中一王, 天中一日, 而萬物中一主, 理之當然也. 則旣知天地眞主, 主宰萬物, 撫育萬民, 時刻援救生人, 惡得不欽崇, 而圖所以日日報謝乎. 故雖惓惓親愛, 昕夕奉敬, 闡其功德, 揚其聖旨, 闢異端, 距邪說, 猶爲不及矣. 盖能誠其衷, 實其言, 果其行, 從依聖戒, 而以進於道德, 證於聖賢, 端必由之往來古今, 聖賢所言, 誠學不外乎此, 而幼子始學可不由是乎.

8 學之次
배움의 순서

8.1 어린이에게 어짊을 배우는 인성교육을 잘 수립해 주고 천주를 섬기는 것을 근본으로 한다면 어린이가 반드시 어버이를 섬기게 될 것이다. 자녀와 부모의 사이는 가장 가까우며 그 부모의 사랑을 받는 것 역시 가장 중요하다. 천주를 경외한 다음 부모에게 효를 하는 것은 천리이자 인정을 실천에 옮기는 데 매우 중요한 것이다. 그러므로 조화주께서 십계명[68]을 두어, 백성을 다스리고 부모에게 효하고 공경하는 것이 천주를 받들고 공경하는 것과 연관이 있다 하셨다. 때문에 천주를 공경하고 부모에게 효하는 것을 세상 사람들이 서로 화목하는 데 앞서 가장 으뜸가는 것으로 두신 것이다.

플라톤(Platon, 罷辣多)은 상고시대 위대한 현인이었다. 그가 속한 나라에는 정치하는 장소로 아고라(Agora, 叮嚀)[69]라는 곳이 있었다. 이곳에서는 오직 천주를 첫 번째로 섬기고 그 다음으로 부모를 섬기게 했다. 천주의 은혜는 크지만 부모의 은혜 역시 크기 때문이다. 그러므로 천주에게 어짊을 베풀면서 어버이에게 인을 베풀지 않는 자가 없는데, 어떻게 어버이에게 어짊을 베풀지 않는 자가 천주에게 인을 베푼다고 말할 수 있겠는가?

幼者旣立仁學, 而本於事天主, 必當進於事親矣. 盖子於父母最親其受父母之恩, 亦最重, 則敬天主之後, 而孝二親, 乃天理人情之切者也. 故造化主, 置十條目, 以治下民, 而孝敬父母, 係于奉敬天主之後, 冠於和睦世人之首焉. 罷辣多上古之大賢, 其國治所叮嚀者, 惟是奉敬天主第一, 事奉父母第二. 盖曰, 天主之恩大, 而父母之恩亦大, 故施仁於天主者, 無不施仁於親, 不施仁於親者, 可謂施仁於天主乎.

8.2 파르메니데스(Parmenides, 斐卯氏, BC 544-501)[70]는 말하기를 "항상 보는 부모를 공경하고 사랑하지 않으면서 보이지도 않는 천주를 사랑하고 공경할 수 있다고 말하는 것은 거짓이다"라고 했다.

내가 사는 곳 가까이에 두 형제가 살았다. 어느날 암브로시우스(Ambrosius, 盎費盎納, 337-397)[71]의 집에 우연히 불이 나 난로가 거의 타버렸는데, 이 두 형제가 함께 힘을 모아 불 속의 아버지를 부축하고서 달려나와 마침내 화를 입지 않았다. 불 속으로 들어

가면 사람이 죽음을 면하기 어려운데, 이는 오직 착한 사람, 효자만이 할 수 있는 일로 상해를 입지 않았으니 어찌 기특하지 않으리오. 어버이를 공경하고 효하는 이치는 하늘로부터 부여받은 성품에 뿌리를 두고 있지만, 인간의 정서가 발동하면 과격해지므로 반드시 강제로라도 이를 조절케 해야 한다.

예전에 서남쪽에 크로이소스(Kroisos, 格肋所, BC ?-546)[72]라는 부유한 왕이 있었는데, 어렵게 얻은 아들이 말을 하지 못하는 벙어리였다. 왕이 반란을 토벌하던 중이었는데 북쪽에서 추격해 오는 적을 보고서 다급해진 벙어리 아들이 외쳤다. "적군 여러분! 부디 우리 부왕을 죽이지 마시오!" 일단 소리가 터져나오자 아들은 마침내 혀가 풀리고 말을 할 수 있게 되었다. 이에 적도 감히 왕을 죽이지 않고 물러가는 특이한 일이 있었다. 또 혀가 굳어서 말이 나오지 않는 어떤 아이는 스승과 어버이의 노력에도 혀가 풀리지 않았는데, 마침내 사랑하는 어버이의 정이 이를 풀게 했다고 한다.

斐卯氏嘗曰, 二親恒見, 而未敬愛也, 天主未常見, 而謂能愛敬乎, 僞也. 敝土近有兄弟二人曰, 盎費盎納者, 偶遇火發, 屋廬具燼, 兄弟共力, 負其父火中, 奔馳, 竟不受害, 嗟乎. 蹈火而死, 人所不免, 獨仁人孝子踐之, 不傷豈不奇哉. 夫親親之理, 稟賦自天, 根於性, 而發於情, 有以激之, 必强而著矣. 往者西南有富王, 名格肋所者, 僅得一瘖子, 王討叛而北, 爲敵人所逐, 子見之, 急曰, 賊勿殺吾王, 因强發聲, 遂解舌而語, 賊亦不敢殺而去, 異哉, 往者舌結, 片言弗出, 師親之勤, 弗克解其舌, 而惟愛親之情, 遂解之矣.

8.3

예전에 한 성현이 이렇게 말한 바 있다. "집에 계시는 부모님은 보물 창고와 같다. 어찌 중요하게 여겨 보존하지 않을 수 있겠는가. 부모님께 삼가 효하고 공경하는 방법에는 세 가지가 있다. 첫째는 물질적으로 융성하게 공양을 해드리는 것이고, 둘째는 조심스럽게 명하는 바를 따르는 것이고, 셋째는 삼가 섬기고 거짓이 없이 정성스럽게 하는 것이다." 부모가 자식을 잉태했을 때 모든 고초를 감수하며 성장시키고, 사람으로 만들기 위해 스승을 골라 모시어 정해진 장소에서 교육을 받게 하며, 자식이 아플 때는 걱정하니, 이렇듯 길러주신 부모의 정이 얼마나 간절하고 지극하리오. 그러므로 자녀된 사람은 길러 주신 은혜에 보답하여 문안과 좋은 음식을 겸하여 몸과 마음이 편안하고 즐겁도록 봉양해야 한다. 새도 제 새끼를 기를 때 그렇게 하는데 하물며 인간이 부모에게 효도를 하는 것이 새만 못하다고 할 수 있겠는가.

날다람쥐과에 속하는 서양 다람쥐(Squirrel, 里卯)[73]는 부모에게 공양을 잘하여 죽을 때까지도 그 곁을 떠나지 않는다고 한다. 또한 십자매(黙罷伯)[74]라는 새는 늙은 어미 새를 공양할 뿐만 아니라 병이 들어 날지 못하게 되면 등에 업고 날아다닌다. 또 떨어지지 않도록 누워서 날개로 어미의 몸을 덮어 주고 추위를 당하지 않도록 항상 자신의 날개를 접어 편안하게 한다고 한다. 하물며 인간의 모습을 하고서 금수가 하는 사랑마저 실천할 수 없다면, 이를 두고 인을 행한다고 할 수 있겠는가.

古之賢曰, 父母在堂如寶庫也. 豈可不視之, 重而存之, 謹乎而孝敬之功有三, 一曰, 隆供養, 二曰, 愼從命, 三曰, 致謹慤. 夫供養者. 父母於子懷抱時, 受諸苦楚, 迨長而成人, 擇師授室, 惟疾是憂, 養育之情, 何懸至也. 故爲子亦以養報之問安視膳, 兼口躰心志以養焉. 不然,慈鳥猶能反哺, 人可不如鳥乎. 鼊虽中一種,西名曰卯里亦善供父母, 至死不離, 禽中一種, 名曰, 黙罷伯, 不但供養其老, 或見其感疾飛, 則以背負之, 不使落墜臥則以翼覆之, 不使寒凍, 而常翱翔拮据, 必欲寧之而後已, 今以人之美形而不能行禽之仁, 可謂仁乎.

8.4

이 때문에 훌륭한 자녀는 스승의 가르침을 받아서 온 힘을 다해 어버이를 봉양하는 것에 그치지 않는다. 만약 부모에게 효를 다해도 부족하면 스스로 노비가 되어 몸을 던져 일하기도 하고, 혹은 자녀를 팔기도 하며, 혹은 바다를 항해하고 험준한 산을 오르내리며 밤낮으로 효를 다하기를 감히 중단하지 않았다.

중고시대에 어떤 노부인이 죄를 지어 형을 받게 되었다. 선비와 스승이 이를 불쌍히 여겨 형을 집행하려 하지 않자, 노부인은 감옥에서 음식을 거부한 채 죽으려 했다. 때마침 그녀의 딸이 아이를 출산했는데, 그 딸이 감옥에 있는 어머니를 만나 구한다는 명목으로 위장하여 빈 몸으로 감옥에 들어가 모유를 먹여 어미의 목숨을 살렸다. 선비와 스승은 이 어진 여인의 기이한 소식을 듣고 역시 어진 여인은 다르다며 그 효에 감탄하며 말하기를, "어버이를 공양하는 정이 이보다 더 효성스러울 수 없다"고 하였다. 곧 노부인의 죄를 사면해 주고, 이 어진 여인을 찬미하며 고위관리들이 함께 옥중에 큰 기념관을 세워 '어진 이의 집'이라 명명하여 후세에 알리고 효를 권했다. 성경[75]에 "어버이를 공양하듯 천주를 위해 공양하는 것을 잊지 말라. 어머니를 공양하면 반드시 보답을 받게 된다" 하였는데, 바로 이를 두고 한 말이다. 어버이의 명을 따른다는 것은 그 명을 마땅히 받들어 실행하는 데 어려움과 수고를 아끼지 않으며 난관을 피하지 않는다는 것이다. 만일 자녀가 되어 부모의 명을 받들 때 고난을 피하고자 한다면 이는 노복과 다름이 없다.

是以仁子不待師誨, 而於親之養, 殫力供奉, 若猶未足, 或投身於僕, 或貿子女, 或航海梯山, 晝夜經營以盡孝, 而不敢辭焉. 中古由一婦罪, 當服上刑(法當死), 士師恤其老, 不欲加刑命, 囚之囹圄絶其飮食, 令自死, 其婦時有女新産, 卽假欲候親, 空身常入, 以乳乳母, 久之老婦不死, 士師詢知仁女異謀, 嘆曰(嘆其孝曰),

供親之情莫孝於此, 乃赦罪母, 讚美仁女時, 諸縉紳共力立一大堂於獄中, 名曰仁堂, 以誥後世而勸孝焉. 聖經云, 供其父爲天主所不忘焉. 供其母必將得其報也, 正此謂也. 從命者, 父母有命, 卽當奉行, 不惜苦勞, 不避艱難, 爲子而奉命之時, 惜苦避難者, 此與奴僕無異也.

8.5 옛 성현이 일찍이 말하기를 "명령에는 세 가지가 있다. 하나는 천주의 명이고, 또 하나는 왕의 명이고, 다른 하나는 부모의 명이다"라고 하였다. 이 세 가지 명을 한꺼번에 다 받들 수는 없으나, 그중에 포기한다면 임금과 어버이의 명을 내려놓고 천주의 명을 따르는 것이 옳다. 그런데 하물며 임금과 어버이가 내리는 명이 바른 것이라면 천주의 명과 화합하지 않을 리 없고, 동시에 얻지 못할 것이 없다.

바오로(St. Paul, 寶祿)[76] 성현은 아이들에게 효를 권하면서 말하기를 "천주의 명이란 어버이의 혼란스런 명을 덜어준다. 무릇 어버이의 명이라면 거스리지 않고 공손히 이를 따르기를 마치 천주의 명과 같이 하라. 즉, 이 몸이 쓰러져도 이 마음으로는 또한 감내해야 할 뿐이다. 성심으로 다한다는 것은 자녀가 부모에게 마땅히 안팎으로 공경해야 한다는 것이다. 겉으로 억지로 꾸며서 공경하거나, 속으로 소홀히 하여 불경하는 마음이 얼굴빛에 나타나서는 안 된다. 이런 마음가짐으로 다른 사람에게 베풀면 거만한 것처럼 보인다. 하물며 나를 낳아 주신 부모에게는 어떻겠는가"라고 하였다. 성인 제롬(St. Jerome, 日落泥末) 역시 말하기를 "아들이 되어 눈으로 어버이의 마음을 상하게 하는 자는 반드시 그 눈으로 빛을 보지 못하게 될 것이다"라고 하였다.

古聖嘗曰, 命有三, 一曰天主命, 一曰皇王命 一曰父母命. 三者不可得兼, 舍君親而從天主命義也. 况君親之正命, 未有不和于天主命, 則亦未有不可得兼者也. 故寶祿聖人, 勸子以孝曰, 是乃天主之命也, 則除親亂命, 凡有所令唯唯是從, 如天主命焉. 卽竭蹶致身, 此心亦甘之而已, 致慤者, 子于父母, 當内外交致其敬, 或外勉强餙爲恭敬, 或心忽略, 不敬于顔色間, 此卽施之他人, 猶爲倨慢, 况生我者耶, 故日落泥末聖人曰, 爲子而以目傷其親者, 必當失其目光.

8.6

예전에 보에티우스(Boethius, 美琵)[77]는 교육으로 이름난 성현으로, 천주의 은총이 특이하여 스승으로서 국민을 다스리는 임무를 맡았다. 그는 불효하는 자녀들에게 꾸짖어 말하기를 "부모가 혹 불행하게도 뜻하지 않게 아이를 얻었는데 그 자식이 부모의 명을 거스르며 게으르고 소홀히 하는 자는 법정(공당: 公堂)에 가두고 그 죄를 만천하에 드러내 많은 사람들이 던진 돌에 맞아 죽게 하였다. 천주께서는 성인의 명을 거역한 죄를 지은 사람이라 하더라도 너그럽게 대하실 뿐 갑자기 형벌을 주시지는 않았다. 다만 어버이를 공경하지 않은 죄에 대해서만 이처럼 무거운 형벌을 주니 이를 두려워하지 않을 수 없었다"고 했다.

로마(Rome, 羅謨落)[78]는 서양의 도시 중 가장 기원이 되는 도시이다. 원래 법률을 제정하여 부모에게 효를 다하고 공경하는 것을 매우 엄하게 단속했다. 대개 부모에게 불초하고 공경하지 않는 자녀에 대해서는 부모가 임의대로 꾸짖어 노비로 보내거나 밖으로 내쫓거나 오랑캐에게 쫓아내도 애석하게 여기지 않았다. 그러므로 훌륭한 자녀가 부모를 섬기는 것이란, 반드시 온순한 말과 온화한 얼굴색과 공경하는 마음으로 받들어 안팎으로 서로 삼가 정성을 다하여 소홀함이 없이 함을 말하는 것이다.

美琵, 古教之名聖, 爲天主所寵異, 任以師治下民者也. 其懲諸不孝子曰, 父母或不幸而得子, 反命慢簡者, 則致之公堂, 陳其逆惡, 使衆民投石殺之, 天主于叛罪其聖命之罪人, 猶舒裕不遽刑之, 惟至于罰不敬親之罪, 于乃設重刑如是, 不可畏哉. 羅謨落太西總都太祖也, 元制法律, 而孝敬父母之戒尤嚴, 蓋父於子之不肖, 不敬者, 欲其任意責懲, 投於僕, 流於野, 黜于夷, 不惜焉. 故仁子之事親者, 言必欲其婉, 色必欲其和, 心必欲其欽欽翼翼, 内外互致其謹慤, 而無敢簡易不恭也.

8.7 오늘 부모에게 불효한 자는 후에 반드시 그 자녀로부터 되받는다. 자녀가 어버이를 공경하고자 하면 어떻게 해야 하는지에 대해, 서양의 성인인 암브로시우스(St. Ambrosius, 盎伯羅)는 "모름지기 앞으로 자신이 어버이가 되어 그 자녀에게 무엇을 구할 것인가를 생각하라"고 말하였다. 탈레스(Thales, 達肋斯, BC 624?-546?)[79] 역시 "그대가 어버이에게 정을 베풀어 효도하면 반드시 그 자녀에게도 그렇게 기대하게 된다"라고 하였다.

대개 심은 대로 거두는 것은 의심의 여지가 없다. 듣건대 불초자는 어버이의 명을 어긴 죄로 감옥에 가두어 두면 오래 지나지 않아 어버이에게 보복을 할 뿐만 아니라 도리어 어버이에게 화를 낸다고 한다. 그러면 어버이가 그 아들을 꾸짖거나 또는 계단 아래로 밀어 끌어내리는 수가 이루 다 헤아릴 수 없이 많았다고 들었다. 이런 이들은 어버이의 질책을 참지 못하여, 어버이가 말로 꾸짖기도 하고 계단 아래로 끌고 내려가 잘못을 깨닫도록 말하면 어버이에게 이렇게 말했다고 한다. "이미 아버지와의 인연은 끝났습니다."

否則今之所施於親者, 後必將受於子焉. 西聖 盎伯羅怭曰, 爲子者欲知敬親當如何, 則須想己將爲親所求於子者如何, 達肋斯曰, 爾所將施情於親, 必望之于子, 盖因所稼, 無疑是所穡也. 余向聞有不肖子慢其親, 而縲之于獄, 未久其子, 亦以是報之, 又嘗聞子之嗔怒其親, 旣詈咤之又推曳之堦下, 而去不數載(後), 其子不忍親責, 卽以是言詈之, 亦推曳於階下, 父醒悟呼, 其子曰, 己矣己矣.

8.8

나의 불초로 인하여 그 화가 어버이에게까지 미치게 했다면 당장 천벌을 받아도 마땅하다. 어찌 감히 이를 실수라고 할 수 있겠는가. 옛말에 악한 새가 나쁜 알을 낳고, 못된 나무가 나쁜 열매를 맺는다고 하니 이를 어떻게 믿지 않겠는가.

비록 천주께서 불효자를 벌주시려고 했으나 한결같이 벌을 주지 않으시면서도 그를 바르게 인도하셨다. 경전에 실린 내용을 보면 대개 효와 공경을 다하는 자에게는 노인이 되었을 때 수명을 부여하기도 했다. 그러나 그렇게 하지 않는 자는 포승줄로 묶어 극형에 처하여 벌주었다.

서양의 기록에 의하면 예전에 주변 국가에 부모에게 불초하는 자가 있어 항상 그 부모를 거스르는데, 날이 갈수록 그 불초함이 늘자 하늘이 그를 벌했다고 한다. 선비와 스승이 그를 끌어다 형벌을 주었는데, 형이 끝난 다음 그의 수염이 갑자기 하얗게 셌다. 이를 의아하게 여기는 많은 사람들에게 아타나시우스(St. Athanasius, 妖孽, 295-373)[80] 성인이 말하길, "부모에게 효와 공경을 다하면 장차 천주의 은혜를 입어 장수하게 될 것이다. 이미 부모에게 효와 공경을 다하지 못했다면 천주께서 엄벌을 내리시어 그 명을 단축할 것이니 마땅히 이를 경계하지 않으리오" 하였다.

向吾不肖而曳吾親於此, 今伏天刑, 義也, 豈敢偉乎嗚呼. 古語惡鳥惡卵, 惡樹惡實, 豈不信哉. 雖然天主戮不孝者, 不一而足. 載於經典, 凡盡其孝敬者, 往往錫之耆壽, 自非然者, 繩以極刑, 而戮厥身焉. 西誌古隣國, 有不肖者, 常慢其親惡日 疊長, 而天戮及矣. 士師拘之服上刑, 行刑畢而不肖之鬚忽變白, 衆疑, 妖孽聖人答曰, 夫夫也, 向使盡其孝敬, 必將蒙天主之恩而壽考焉. 旣未及行其孝, 故天主嚴罰而斷其命, 可不戒哉.

8.9 비록 어리더라도 부모에게 효도하는 것을 가르치면 마땅히 효와 공경의 마음이 생길 뿐만 아니라 그 어진 마음이 멀리 미쳐 천주로부터 고을의 어른, 스승에 이르기까지 모두에게 효하고 공경하는 것이 안팎으로 같아진다. 대개 임금과 고위관리, 연장자는 예나 지금이나 부모로 일컬어진다. 그들을 부모에 대한 예로서 공경한다는 것인바 이는 옳은 일이다. 플라톤(Platon, 罷辣多)은 불효를 법으로 다스려 금하면서 말하기를 "모든 어른은 이를 가볍게 여겨 게을리 해서는 아니 된다. 그렇지 않으면 천주께 죄를 짓고 국가에 욕이 된다"고 하였다. 작은 코끼리는 큰 코끼리를 항상 존경한다. 인간이

되어 윗사람을 공경할 줄 몰라서야 되겠는가. 나라에 도가 있으면 부모에게 효하고 형제간에 사랑하는 공경이 반드시 이루어진다. 윗사람에게 게으르고 소홀히 하는 것은 나라에 도가 없는 것이다. 맹수와 야만인의 땅에서나 그렇게 한다.

雖然訓誨幼時, 不但所生當孝敬也, 又推廣其仁, 而自天主以至於郡伯師長之屬, 皆孝敬之内外, 盡其恭焉. 盖君王官長之屬, 古今稱民父母, 則以父母之敬, 敬之者, 義也. 罷辣多治法禁曰, 諸長者勿輕慢之, 否則將罪于天主, 而爲國家之戮矣. 象之小者, 常尊敬大象, 乃至於人不知敬上乎, 國有道, 孝弟之敬必盛, 慢易其長者, 非有道之國, 乃猛獸之地, 蠻冠之野也.

9 순결 교육

9.1 어린이 교육은 어짊(인성교육)을 근본으로 한 다음 순결에 힘써야 한다. 대개 인품에는 각기 소중히 해야 할 것이 있고 아울러 경계해야 할 것도 있다. 노인에게는 지혜로움은 중시되지만 인색함은 경계해야 하고, 장년에게는 굳센 의지는 중시되지만 함부로 성냄을 경계해야 한다. 이렇듯 어린이에게는 순결을 중시하고 욕심은 경계해야 한다.

노년에는 보고 들은 것이 많아 마땅히 지혜롭지만 이를 가지고 다른 사람을 속여서는 안 된다. 어렵게 모은 재물이라도 살아 있을 때만 쓸 수 있을 뿐 죽은 다음에 쌓아둘 수는 없다고 생각하지만, 그렇더라도 항시 재물을 준비해 두는 것을 잊어서는 안 된다. 장년에는 신체적인 형질과 기운이 성하고 심지의 견고함이 의연해진다. 그러나 일을 당하면 감정을 좇지 않고 평온을 잃거나 화를 내지 않아야 하는데 이를 멈추는 것이 쉽지는 않다.

幼學旣本於仁, 次宜務於潔, 盖人品各有所重, 倂有所戒焉. 老者重智戒墻, 壯者重毅戒怒, 而幼者重潔戒慾, 老者多見多聞, 則宜多智, 而不爲人所欺矣. 然向苦財用於前, 故不能不圖積於後, 而恒不肯捨其所備之貲, 壯者形氣之盛, 心志之堅, 未必不毅, 然或逢事不順, 情不平, 輒生嗔恨而不易息也.

9.2

어린이는 아직 세상의 길을 밟아 행하지 않았고 세상사를 익히지도 않아 지혜로울 수 없다. 또한 힘을 쌓지도 않았고 뜻을 정하지 않아 의연할 수도 없다. 오직 하늘로부터 받은 아름다운 기질과 순박한 심신에 깨끗하고 맑은 본래의 자질을 갖추어 이를 지키고 닦을 따름이다. 그러므로 어린이는 깨끗하다고 말하지만 노인처럼 지혜롭지 않고 장년처럼 의연함이 없어 아직은 부족한 것이다.

예전에 미색을 지닌 아이가 크고 어진 스승을 따라 배우고자 했으나 거절당했다. 그 까닭을 묻는 질문에 스승이 답하기를, "썩은 나무로는 그릇을 만들 수 없다. 대개 마음이 맑지 않고 몸이 깨끗하지 않으면 참다운 배움이 불가능하다. 거울에 비치는 맑은 물은 깨끗하여 두 종류의 빛을 비출 수 있다. 그러나 만물이 거울에 비춰진 모습을 보건대 거울이 흐릿하고 혼탁하면 대상을 깨끗하고 바르게 비출 수 없다." 하였다.

幼者未行世道, 未習世事則, 亦未能智焉. 又未積其力, 未定其志, 則亦未能毅焉. 惟所稟美質淳朴, 身神蠲潔本分之資, 可存可脩. 故嘗謂幼者無潔, 如老無智, 如壯無毅, 不足尙也. 古迷色之幼, 欲從大賢學, 賢師不容, 或異而問故答曰, 朽木不足成器, 蓋心不湛, 身不潔, 而眞學無由立矣. 鏡之明水之淸者, 承二光之照, 而對萬物之象(昏), 若其昏且濁者, 必不能也.

9.3

땅이 깨끗하면 벼를 심어 가꿀 수 있지만, 기와와 조약돌이 있는 쓸모없는 땅에는 파종을 할 수가 없다. 무릇 어린이의 마음이 깨끗하면 깨끗할수록 도덕과 문예의 씨앗을 파종하기 쉽고, 어버이와 스승이 훈도와 가르침에 부담을 가질 필요가 없어진다. 마음이 더러운 자는 가르침을 받아들이기가 어렵다고 하였다. 경전에 이르기를 "참으로 아는 것은 사심에 들지 않는 것이다"라고 했다. 또한 "더러운 자는 지혜로운 말을 들으면 이를 버린다. 이는 마치 귀한 보물을 돼지 앞에 두는 것과 같거늘, 어찌 땀을 흘릴 필요가 있으리오" 하였다.

그림을 그리기 위해서는 먼저 분을 칠한 다음에 채색을 하는 것이다. 지혜로운 스승이 잘 가르치려고 하는데 깨끗한 자질이 아니라면 어떻게 이를 받아들일 수 있겠는가. 사실 배우고자 하는 사람은 마땅히 그 뜻을 확고히 하고, 마음을 밝게 하며, 힘을 맑게 하는 세 가지 조건 중 하나라도 모자라서는 안 되지만 그 중에서 순결은 반드시 갖추어야 한다. 음란한 자는 반드시 실패하고 말기 때문이다.

地之潔者, 能藝嘉禾, 若瓦礫之地, 殆不足播種也, 夫幼之心神, 愈淨潔, 愈易含道德文藝之種, 而不負親師之訓誨, 若其淫穢者, 難容教矣. 經云, 眞知弗入於邪心, 又曰, 淫者聽智言, 則厭廢之, 猶以珍寶置於豕前, 豈不踐且汗之耶. 繪工爲圖, 先粉之, 然後加彩焉. 智師始施美教, 非得潔質, 烏能受哉. 凡圖進于實學者, 志宜定, 心宜明, 力宜清, 三者不可無一, 而潔者必備矣, 淫者必敗矣.

9.4

아리스토텔레스(Aristoteles, 亞里斯多)는 말하기를 "사람은 정신이 안정되어 있더라도 음란한 것을 배워 알게 되면 항상 모든 욕심이 침입해 들어온다. 이는 마치 바다가 사방으로부터 바람이 불어닥치면 밀려왔다 다시 나아갔다 함을 반복하는 변화를 끊임없이 하는 것과 같다. 그렇게 하여 어찌 배움에 뜻을 세울 수 있겠는가"라고 하였다.

마음이 밝은 자라면 음욕이 칩입해 거센 바람이 불고 무거운 안개가 드리워도 정신에 깃들어 있던 혼(才)을 일깨워 추위를 막고 도리로 몸을 관리하여 끊임없이 사물의 의리, 정사와 선악을 분석할 수 있다. 눈에 비유하자면, 눈이 보지 못하는 곳이 없어도 작은 먼지가 더럽혀 눈을 덮으면 아무 것도 보이지 않는 것과 같다. 슬프다. 우리 마음이 맑고 깨끗하면 모든 이치가 밝혀지지 않는 것이 없고 사물의 격에 맞지 않는 것이 없지만, 마음이 오염되어 더러워지면 갑자기 바른 일을 버리고 비루한 데로 흘러들어가 바닥에까지 멈출 데가 없는 지경에 이른다. 이렇게 되면 실다운 배움을 어디에 기대할 수 있겠는가.

亞里斯多氏曰, 人神定而學知淫者, 常被諸慾所侵, 如海被四風所鼓, 反復退進易變無恒, 豈能立定於學也. 若其心之明者, 淫慾一入乎, 衷遂發汗霾重霧, 蒙晦靈才, 塡塞理竅, 不使切思物義, 剖析正邪善惡矣. 譬之目焉, 其睛無所不照, 惟被微塵之垢, 卽蒙而無所用, 嗟乎. 吾心得其淨潔, 無理不窮, 無物不格而或蒙污浼, 卽昏然棄正業, 而流於卑陋, 無所底止, 於實學尙何望焉.

9.5 음란한 것을 배워 익히면 마음이 어두워지고 정신이 우둔해질 뿐만 아니라 기력 또한 쇠잔해지고 원래의 정기마저 잃게 된다. 예를 들면, 나무굼벵이가 나무에서 생겨났으나 점차 그 나무의 중심이 잠식되면 머지않아 빈껍데기로 떨어져 함께 쓰러지고 마는 것과 같다. 그러므로 음란한 짓을 하는 것은 성품을 죽이는 도끼와 같고 생명을 앗아가는 짐새의 독과 같다. 독을 오래 가지고 있으면 그 힘이 암암리

에 퍼져 죽게 되니 어찌 믿지 않겠는가.

옛 성현이 배우는 사람에게 순결을 닦아나가길 권하면서 이렇게 말했다. "순결을 닦아 배우는 사람은 마음의 총명함이 마치 신이 만물의 이치를 통철하여 아는 것과 같다. 순결을 유지한 후에도 힘이 남아 있으면 배우는 데 최선을 다하는 것을 좋아하지 않을 수 있겠는가. 그러나 음란한 것을 익히는 사람은 그 마음이 비록 밝아 예지력과 정신력은 발달되어 있을지 모르나 음란한 것을 극복해낼 힘이 미약하므로 어찌 이를 꺼려하지 않으리오."

雖然淫習不但晦心鈍靈, 又殘氣力而敗元精也. 譬蠹生木中, 而漸蝕其心, 未久虛落, 且偃矣. 故古爲淫爲伐性之斧, 斤戕生之鴆毒, 劫力之閻冠, 豈不信哉. 古聖勸學者潔修曰, 修潔而學者, 其心聰頴如神, 洞徹萬有之理, 其力有餘以盡其學, 可不愛哉. 習於淫者, 其心雖睿而昏其力雖盛而弱, 可不惡哉.

9.6

피타고라스(Pythagoras, 比達臥拉, BC 582?-497?)는 상고시대에 학문에 밝은 지도자로, 그의 드나듦과 머무는 곳은 분명하지 않았지만 순일한 언행은 그 문하에 드나드는 사람에 상관없이 순결을 닦아 도덕을 향해 나아가게 했다. 음란하고 나쁜 데 빠진 자를 만나면 바른 말로 그 미혹됨을 가르치거나 몸으로 깨끗함을 인도하였다. 아름답고 즐거워하는 데 빠지면 그 지나침을 일깨워 바른 곳으로 돌아가게 했다. 그래서 순결함을 좇아 닦고자 하는 사람이 피타고라스 문하에 들어가 그의 가르침으로 인하여 뛰어난 인물이 되었다는 이야기가 그 수를 다 헤아릴 수 없을 정도로 많았다.

위대한 현인 소크라테스(Socrates, 東格辣德)는 자신을 따르는 사람들에게 항상 두 가지 길을 일러두었다. 하나는 도를 밝히는 것으로, 순결하면 천상과 통하기 때문에 여러 신과 성현을 만날 수 있다 하였다. 다른 하나는 음란하면 어두운 곳에 떨어지기 때문에 모든 악마와 만나게 된다는 것이었다. 플라톤(Platon, 罷辣多)은 오랫동안 이런 스승의 학문을 익히고 아름다운 유업을 계승하였다. 이는 화려하고 아름다운 곳은 피하고 황벽한 데 처하여도 여기에 빠져들지 않도록 장막을 쳐 두었다는 의미이다.

比達臥拉上古爲明學之宗領, 其出入與居, 無不湛然 純一, 言行無苟, 遊其門者, 無不俾之修潔, 而進于道德, 倘遇僻于淫溺于汗者, 則正言指其迷, 或以身率引于潔, 或置美樂, 以指其侈使醒, 而歸正是, 有言曰, 欲從潔修者, 必遊于比達臥拉之門, 而其所教成俊士, 不勝數也. 東格辣德大賢, 勸進其從者, 常設二道, 一曰明道, 潔者所由以通天上之域, 而會諸神聖, 一曰, 暗道淫者, 所由以墮冥幽之中, 而聚諸鬼魔. 罷辣多久習此學, 計繼其師之美業則, 避華美之地而于荒僻之處設帷焉.

9.7

그 오묘한 뜻을 풀어 이렇게 말하였다. "모든 어린이가 욕심껏 하고자 하는 대로 좇아가게 두면 밝고 아름다운 곳만 좇아가는 것은 아니다." 그러므로 어진 사람은 그 제자가 실다운 배움으로 나아가게 하기 위해 음란한 정서는 삼가게 할 뿐만 아니라 음란한 곳으로 끌어들이는 일도 모두 피하고자 했다.

우리 고을에 어진 이가 있었는데 그는 아내를 잃은 다음에 학문에만 전념하였다. 옆의 친구가 그에게 악기 연주를 계속하기를 권하자 이에 대한 답으로 "앞으로 혼인을 하게 되면 오롯한 뜻으로 학문에만 전념할 수 없게 된다. 이제 다행히 악기 연주하는 것을 끊고 학문에만 전념할 생각이오"라고 하였다. 친구가 다시 "결혼하면 학문과 악기 연주 두 가지 일을 모두 할 수 있지 않겠소"라고 물었다. 그러자 그는 "군자가 바르게 남녀관계를 가져도 실답게 학문을 하는 데 장애가 되는데 그렇게 음란한 것을 익혀서 학문을 이룰 수 있겠는가"라고 답했다.

예전에 어릴 때부터 학문에 높은 뜻을 둔 사람이 있었다. 그는 사욕에 연루될까 두려워하여 힘을 다해 이를 극복하려고 노력했고, 올바른 직업을 가짐으로써 다른 사람의 속임에 당하지 않게 했다. 그는 항상 차가운 즙으로 된 쓴 약을 복용하거나 납으로 된 판을 허리에 두르거나 종일 몸을 차갑고 매운 명아주에 투신했다. 또 담담한 맛의 음식으로 겨우 배고픔을 면할 정도로만 먹고 몸을 고통스럽고 수고롭게 하는 곳에 누워 수면을 취했다. 그는 이렇게 함으로써 안일과 여러 가지 유혹을 피하여 음욕의 해를 면하고 순결한 배움의 아름다움을 얻었다고 한다.

誌者解其意之妙曰, 諸幼易肆志縱慾, 莫如景麗之地也. 故賢者圖進其弟子于實學, 不但戒諸淫情, 又欲其避諸引淫之事也. 吾鄉向有賢士喪妻, 而後得專一于美學, 右勸之以續絃答曰, 向以婚, 未能專意務學, 今幸斷絃, 乃專意于學矣, 可倂務于婚乎噫, 君子以正色猶以爲實學之滯, 彼習于淫者, 可得成學耶. 往者高志之幼初學, 恐爲私慾所累, 謦力攻克, 不使有悞正業, 或常服冷汁苦藥, 或加鉛板諸腰, 或終日投身于寒氷棘藜, 或以淡味僅克服饑, 或睡臥衽堅苦勞骨肉, 而違避安佚, 千計萬謀, 以免淫慾之害, 而獲潔學之美.

9.8

대개 지혜와 음란한 것, 그리고 덕과 여색은 끝내 함께 수용될 수 없다. 저것을 하고자 하면 이것을 멀리 해야 하고, 이것을 익히고자 하면 저것을 익힐 수 없기 때문이다. 이는 매우 분명하다. 세상에서 어버이가 된 자는 자녀가 실다운 배움으로 나아가는 것을 바라지 않는 이가 없다. 자녀가 삿되고 사치스러운데도 조심하도록 하지 않거나 아예 모른다면 이를 두고 우둔하다고 말한다. 우둔한 어버이가 우둔한 자녀를 기른다고 말하는 것은 당연하다. 만약 알고도 그 잘못을 꾸짖지 않는다면 이는 나쁜 어버이가 나쁜 자녀로 기른다는 말일 것이다. 잘못을 알고도 숨긴다면 이를 두고 야만인이라고 하는데, 야만인 어버이를 둔 자녀도 마찬가지로 마침내는 야만인이 된다. 이런 야만적인 부모는 그 자녀가 삿된 곳에 빠진 것을 들으면 웃으면서 말하기를 "이는 곧 아이가 그런 음란한 곳에 빠져 즐길 뿐이오"라고 말할 것이다.

盖智與淫德與色, 終不幷容, 欲由彼, 須離此, 而習乎此, 必不能習乎彼, 甚明也. 世之爲親者, 靡不欲其子進于實學, 乃每不謹其子之邪侈, 或有不知之, 乃謂之愚, 而愚親養愚子宜也. 或知而不責之, 乃謂惡而之惡父之養惡子常也. 或知而又隱匿之, 乃謂之蠻, 而蠻親之子, 竟無不蠻矣. 于是或聞其子溺于邪, 則笑曰, 茲乃幼之頑嬉也.

9.9

"어떻게 꾸짖어야 다시는 그런 삿된 곳에 빠지지 않게 할 수 있습니까?" 하고 어떤 이가 묻자 이에 대해 아버지가 답하여 말하기를 "어린이의 작은 잘못에 대해 꾸짖지 않을 수는 없지만 지나치게 엄하게 하는 것 또한 적절하지 않다. 장차 좋은 뜻마저 불식되고 반감되기 때문이다" 하였다. 그러나 적절히 꾸짖어 가르치지 않으면 얼마 지나지 않아 그 아이가 음란한 것을 익혀 학업을 싫어하고, 하고 싶은 대로 도를 넘어 몸을 상하고 가정도 망하게 되어 있다. 그리고 마침내는 이루 다할 수 없는 치욕을 당하게 된다. 지혜로운 아버지라면 이를 거울삼을 수 없지 않겠는가.

어린이가 다른 것에 탐닉되어 있다면 이를 보완하여 채울 수는 있지만, 음란한 것에 빠지면 그렇게 하기 어렵다. 또 다른 나쁜 것을 익히는 것이야 멈추게 할 수 있으나 오직 삿되고 음란한 것을 익히게 되면 멈추게 할 수 없으니 조심하지 않을 수 있으리오. 비록 순결한 어린이라도 음란하고 삿된 것에 빠지지 않도록 경계하라는 것은 단지 몸만 멀리하라는 것은 아니다. 즉, 이를 막는 것, 다시 말하면 음란하고 삿된 것과 관련하여 입을 봉하여 그런 말을 하지 않게 하는 것이다. 또한 귀를 막아 그런 말을 듣지 않게 하는 것이다. 대개 행동과 생각은 서로 따로 할 수 있지만, 머지않아 음란한 말은 음란한 생각을 끌어들이고 음란한 생각은 음란한 행동을 유인한다. 음란한 것을 익힌 자는 대부분 입과 귀로 시작하기 때문에 삼가고 경계하지 않을 수 없다.

何足責懲未幾再溺, 而父又曰, 幼者小過不可責懲太嚴否, 將拂滅其美志焉. 未幾其子, 甘習于淫厭棄學業縱慾敗度, 喪身亡家, 終蒙無窮之辱, 父之智者, 可不以是爲鑒乎, 童幼之他溺, 猶可補也. 淫之溺不可補矣. 他惡之習有底止, 而惟邪淫之習, 無底止也. 可不愼哉. 雖然修潔之幼于淫邪之戒, 不獨身遠之, 卽杜之, 卽口亦封而不言耳, 亦塞而不聞. 盖念于行相去不遠矣. 淫言多引淫念, 而淫念多引淫行, 是以習淫者, 多始于口耳之, 不謹可不戒哉.

知恥

10 부끄러움을 아는 것

10.1 천주께서 세상의 모든 것을 만드시고 모든 사물에 본래의 성격을 부여하셨다. 인간에게 부여하신 것이 바로 성품이다. 군 단위 지역에는 성곽이 있듯이 몸에는 의상과 화대(禾帶)를 갖춘다. 과자에도 외피가 있으며, 보물에도 겉이 있고 모든 것이 두루 갖추어져야 존재할 수 있다. 인간에게만 덕의 존귀함이 존재하는 것은 아니다. 인간 존재가 원래 귀한 것은 덕의 순수함을 보존하기 때문인데 부끄러운 마음을 갖는 것만 같지 않다. 이 부끄러워하는 마음은 인간의 본래 성품에 뿌리를 두고서 얼굴로도 나타나고 몸을 둘러싸고 움직이며 동정을 관리한다. 그리고 밖으로부터 걱정거리가 안으로 들어오지 못하게 하고 본래 마음이 흔들리지 않게 한다. 그러므로 선지자들은 말하기를 "악을 부끄러워하는 것은 심성의 성곽이자, 덕행의 외피이며, 의례의 스승이고 악을 막는 가리개이면서 선과

속(俗)의 병풍이 된다" 하였다.

天主之生物, 無不全賦物以性, 併賦以存是性者焉. 郡有城郭, 身服衣裳, 禾帶甲, 菓具皮, 實負殼, 種種備其所以存, 至于人德之貴, 獨無存之者乎. 乃存人之元貴, 存德之純體者, 莫如羞惡之心. 蓋此心根于性, 而著于顔, 圍身而攝動靜, 常戒外患不使内達而擾衷靜. 故先知者, 謂羞惡焉. 爲心性之廓, 德行之殼, 義禮之師, 捍惡之籓, 而善俗之屛也.

10.2 진실로 이 마음이 아니면 수많은 악이 침입하여 많은 걱정거리가 따라온다. 짐승들은 태어날 때 예리한 발톱이나 뾰쪽한 뿔, 견고한 발과 긴 치아를 가지고 나와 이를 무기삼아 적의 침해에 대적하고, 비늘로 옷을 삼아 자기 몸을 감추기도 한다.

인간이 태어나면서 한 가지 가지고 나오는 것이 있다면 바로 부끄러워할 줄 아는 마음이다. 흉흉한 세상에 나와 부끄러워하는 마음을 의복과 갑옷으로 삼기 때문에 나약함을 가리고 외부로부터의 침입을 방어하게 된다. 그러나 어린이가 이런 부끄러워하는 마음을 잃어버린다면 새와 같은 짐승이나 다를 바 있겠는가? 읍내에 성곽이 없으면 적이 침입해 들어와 포위되고 가릴 것이 없으면 짐승의 침입을 받는다. 마찬가지로 어린이에게 부끄러워하는 마음이 없으면 삿된 것으로부터 공격받게 된다. 그러므로 부끄러움을 아는 자는 비록 삿된 데 빠져도 반드시 멈추는 시기가 있고 회복할 계기가 있다.

苟無此心, 衆惡侵之, 衆患從之矣. 百獸之初生也, 或具利爪尖角, 或具堅蹄長齒, 以當戈兵, 敵其所害焉. 又或備鱗介, 當衣裳, 以蔽其身焉. 人生亦身脫胎, 僅持一知恥心, 而入凶世, 卽以此爲衣, 以此爲甲, 所以遮其懦, 而禦外患也. 倘爲幼者棄喪此心, 則烏乎, 可邑無城爲寇所侵, 圍無藩爲獸所踏, 而幼無羞, 爲邪所攻矣. 是以知恥者, 雖溺于邪, 必有止期與復機焉.

10.3

부끄러워하는 마음이 없으면 무엇엔가에 탐닉하다 한계에 다다르게 되고 아울러 개선의 여지가 없는 사람이 된다. 삿된 마귀는 여러 가지 악으로 사람을 유인하여 먼저 부끄러워하는 마음을 없앤 다음 공격한다. 그래서 그 주인을 업신여기고 사람을 헤치며 자신을 더럽힐 뿐이다. 어지러운 국가에서 백성을 교화하려면 먼저 부끄러워하는 정서를 일으켜 부끄러워할 줄 알게 한 다음에 도덕으로 나아가야 한다. 이른바 부끄러워하는 마음이 흩어져 나가면 도가 망하고 부끄러워하는 마음으로 되돌아가면 도가 존재하게 된다.

유명한 현인인 디오게네스(Diogenes, 第阿日搦)는 우연히 어린이가 무엇인가에 탐닉해 있는 것을 보았다. 아이가 부끄러워하며 얼굴이 빨갛게 되자 그는 "다친 곳은 없는가"라고 물었다. 이런 모습이 바로 덕 있는 자의 색깔이다. 또 어떤 늙은 현인이 꾸짖고 있는 어린아이가 자신에게 용서를 빌자 기뻐하면서 말하기를, "용서하는 것은 좋은 마음이다. 작은 잘못에도 인성은 약해지는 것인데 부끄러워할 줄 알아 베푸는 것은 사람 마음에 있는 용기이다"라고 하였다.

無羞必溺之限, 併無改之倪也. 邪鬼引人於諸惡, 先滅其愧心, 然後攻之, 使侮主害人污己, 而亂國家, 聖賢化民, 先引起其愧情, 使知羞惡, 而後進之于道德, 所謂羞散出而道亡羞回入而道存也. 名賢 第阿日搦偶見孩童之溺, 童羞而赭其面, 乃稱之曰, 無傷也. 此色乃德之色也, 又有老賢, 觀小童被責而赧, 則喜曰, 赧者良心也. 蓋有小過, 人性之弱也, 若施知羞, 人心之勇也.

10.4

무릇 배움의 길은 멀고 아이의 성품은 나약하다. 세상에는 속된 것들이 횡행하고 난적들에 쉽게 빠져들게 되어 있다. 어린이에게 부끄러워하는 마음이 없다면 어떻게 이를 떨치고 배움으로 나아갈 수 있겠는가.

서양의 현인인 프로타고라스(Protagoras, 伯路大)는 "지혜로운 농부라면 겨울에 필요한 것을 반드시 맑은 여름날 미리 준비한다"고 하였다. 만물의 영장으로서 인간은 노년에 필요한 것들을 어릴 때 미리 준비한다. 여기서 인간이 준비할 것이란 바로 부끄러워하는 마음이다.

어떤 이가 몸에다 글로 문신을 하여 많은 사람들로 하여금 공경하게 하자 한 사람이 어진 여인인 비디아스(Bidias, 比第亞氏)[81] 에게 "여성으로서 어떤 사람이 가장 잘 꾸민 사람입니까" 하고 물었다. 이에 답하기를 "부끄러워하는 얼굴색이 바로 여인이 꾸민 것 중에 가장 잘 꾸민 것이오"라고 했는데 그 말의 뜻이 이것이 아닌가 한다. 밖으로 꾸미는 것은 그 용모를 아름답게 꾸미는 것으로, 내면의 추함을 가리는 것이 가능할지 모르나 사실은 음란한 것을 가르치는 데 충분하게 하려면 부끄러워하는 마음이 안에서 일어나 얼굴색이 붉게 나타나도록 해야 한다. 이는 그 마음의 착하고 귀한 것이 밖으로 표출된 것이다.

夫學之道遠矣, 童之性弱矣, 而世俗橫逆, 難敵易溺, 使童無此羞, 持其心而振之, 何由得進于學乎, 西賢伯路大曰, 農之智者, 晴夏時, 必備度陰冬之需, 而人之靈者, 幼時備延老之需耳, 需者非他, 卽羞惡之心而已, 夫文繡加身, 使衆恭敬也. 有人問賢女, 比第亞氏曰, 女飾何者爲盛, 答曰, 羞色則女飾之貴盛者也, 旨哉語乎, 夫外飾之色以治其容, 雖用以遮內醜, 而實足誨淫,羞情從內以發紅色,則表其心之良貴矣.

10.5 카토(Marcus Porcius Cato, 加篤, BC 234-149)[82]라는 서양의 청렴한 인사는 어린이의 얼굴색을 붉은색으로 바꿔보려 했으나 황색으로도 변하지 않았다고 한다. 대체로 황색이란 두려워하는 마음에 따라 일어나는 것이지만, 비루하고 천박한 정서가 생기면 부끄러워하는 마음에 따라 붉은색이 나타나는 것이다. 이는 어린이가 숭고한 뜻을 지녔다는 징조이다.

성인이었던 그레고리(St. Gregorius, the Great, 厄肋峩略, 540-604)[83]는 그 이유를 다음과 같이 자세히 설명하였다. "귀족이나 숭고한 뜻을 지닌 어린이는 대부분이 피가 맑고 가볍다. 그래서 불결하고 옳지 못한 말이나 일을 하게 되면 안으로 부끄러운 마음이 생겨 밖으로 표출된다. 만약 어린이가 비루하고 천박하다면 대부분 피가 탁하고 응고되어 무겁게 나타난다. 그러므로 악한 사람은 안에서 부끄러워하는 마음이 움직이지 않아도 밖으로 얼굴색만 변하기도 한다"라고 하였다.

유명한 선비인 세네카(Seneca, Lucius Annaeus, 色搦加)는 일찍이 말하기를 "어린이가 고상한 뜻을 지녔다는 징조로 부끄러운 얼굴보다 분명한 것은 없다. 노인은 그간 쌓아온 지혜로 다른 사람들에게 자신의 말을 듣게 하여 믿고 따르게 하지만, 어린이는 부끄러워하는 마음으로 그 이름을 널리 떨쳐 사람들이 그를 사랑하고 흠모하게 만든다"고 하였다.

故加篤西至廉之士也, 欲幼色變紅而不變黃, 盖黃者從心之惧, 而發乃卑賤之情, 紅者從心之羞, 而發乃高志之兆耳. 厄肋我略聖人, 詳其所以然曰, 貴族及高志之幼, 多血清且輕焉. 或遇言與事之不潔不正, 則內羞愧而外表赧也. 若幼之賤陋者, 多血濁且凝重焉. 故雖惡之大者, 未能動慚于內, 而變色于外矣, 名士色搦加 嘗曰, 幼者高志之兆, 莫如羞顔, 老者以知智積其令聞, 而人信伏之, 幼者以知羞達其善名, 而人愛慕之矣.

10.6 서양의 중고시대에 국법에 항거하며 법에 거스르는 행동을 하는 고위 신료가 있으면 왕이나 귀족 신료들에게 이를 알렸다고 한다. 그때 그 자녀가 마을에 없다면 법정(公堂)에 가서 홀로 어버이만 설욕을 당하게 했다. 아버지의 비행을 자세히 고하는 것을 듣고 있던 아이가 만면에 부끄러워하는 모습도 띠지 않은 채 한마디 말도 못하는 것을 본 법정의 관리들은, 아이의 얼굴빛이 붉은 것을 발견하고 도리어 기뻐하며 아버지를 용서하고 형벌을 주지 않았다고 한다.

재물로 뇌물을 받아 중죄를 지은 자가 교분이 있는 고위 관리들의 글로 대변하여도 그 위급함을 구할 수 없었으나, 자녀의 부끄러워하는 얼굴색은 말 없이도 아버지를 구했으니 이는 앞의 사례와는 다르지 않은가? 그러므로 버나드(St. Bernard of Clairvaux, 伯兒納, 1090-1153)[84]라는 성인은 말하기를 "사람들이 사랑하고 사모하는 것은 어린이의 부끄러워하는 마음을 아는 것만 못하고, 어린이가 많은 사람의 마음에 감동을 주는 까닭이 이보다 절박하리오"라고 하였다.

中古貴臣, 有骫國法, 而橫逆不止者, 或告于王貴臣時, 不在邑其子, 獨赴公堂, 將雪其親之辱, 及聞告者, 細陳其父之非, 滿面慚色, 竟不敢措一辭, 堂中諸司觀其容, 赧反喜而赦其父, 不刑矣. 於戱財賄之重, 反交之貴, 代辨之文, 不能救其親之急, 而獨一子之羞色, 不言而救之, 不亦異耶. 故伯兒納聖人曰, 衆人所愛慕, 莫如知恥之幼, 幼之所以感衆心, 莫切乎.

10.7 부끄러워하는 얼굴빛은 빛나는 구슬에 비할 수 있다. 모든 어린이의 이마에는 빛이 사방으로 비쳐서 사람들로 하여금 보게 하고 이를 공경하게 한다. 비유컨대 이는 자석이 멀리 있는 사물을 끌어들여 돌아가게 하는 것과 같다. 이 때문에 플라톤(Platon, 罷辣多)은 국가를 다스리는 훌륭한 법을 기록하며 말했다. "어린이는 항상 두 가지를 따라야 한다. 즉 악에서는 부끄러움을, 선에서는 부지런함을 따라 좇을 뿐이다."

로마(Rome, 羅瑪)[85]는 모든 서구 국가 도시들 중 으뜸가는 도시로, 어린이를 교육하는 방법은 매우 훌륭하고도 엄했다. 어린이로 하여금 오롯하게 이 부끄러워하는 마음을 보존하게 하고자 항상 붉은 옷을 입혀 안으로 부끄러워하는 마음을 갖게 했다.

스파르타의 위대한 입법가이자 개혁가인 리쿠르고스(Lykurgos, 里古兒峩)는 훌륭한 법으로 국가에서부터 비롯하여 어린이의 배움에 이르기까지 그 기강을 세워 이렇게 말하였다. "어린이는 모름지기 부끄러워하는 정서를 배워야 한다. 이는 귀중한 재산을 얻는 것과 다름이 없다. 그러므로 들어오면 반드시 이를 삼가고 나가도 반드시 이를 삼가며, 말을 하면 반드시 이렇게 하고 보는 것도 이렇게 하여 한순간도 소홀히 할 수 없다."

羞色, 則羞色可比之光玉, 加諸幼額輝光四射, 使人瞻且敬之, 或譬之磁石, 自遠招物使繫歸之也. 由是罷辣多錄治國之美法曰, 幼者所宜常從者二, 于惡卽羞, 於善卽勤而已. 羅瑪常爲諸西國總都, 其治幼之術, 甚美且嚴, 乃欲其從少專存此羞心, 則使常衣紅衣, 使常念内羞之存也. 里古兒峩徃世亦以美法綱紀本國, 至于童幼之學, 則曰, 幼學須謹于羞情, 與所獲重貲無異, 則入必謹於是, 出必謹於是, 言必于是, 視必於是, 瞬息不可忽也.

10.8 대체로 부끄러워하는 마음은 눈에 나타나고 입으로도 나타난다. 눈과 입은 열고 닫기는 쉽지만, 부끄러워하는 마음이란 조심하지 않으면 자신도 모

르게 흩어져 없어져버리고 돌아오지 않는다. 그러므로 현인들이 어린이가 부끄러워하는 마음을 갖도록 경계한 것은 반드시 눈과 입을 조심하도록 한 것이다.

그러나 부끄러워하는 마음에 묘한 것이 두 가지가 있다. 하나는 사람 앞에 나타날 때이고 다른 하나는 혼자 있을 때이다. 세상 사람들은 대부분 다른 사람이 보는 데서는 조심하여 부끄러움을 경계한다. 그러나 혼자 있는 곳에서는 부끄러워하는 마음이 없어져 마음대로 하게 된다. 이는 잘못이다. 군자는 자신의 눈을 다른 사람이 볼 때보다 스스로 혼자일 때 더욱 엄하게 했다. 그러나 때로는 남의 눈에 띌 수도 있고 자신의 눈에 장애가 있을 때에는 피할 수 없는 때도 있다.

盖羞之美, 多位乎目, 而表乎口焉. 口目二關易開易閉, 則羞心非謹不覺流散, 其旣散亡, 將不復來也. 故賢者, 戒幼之羞, 必欲其謹於口目矣. 然羞心之妙, 有二處, 一在人前, 一在獨居, 世人多忌人目而羞, 戒焉. 至于獨處, 則廢羞心而任慾肆矣. 謬哉, 君子忌其目, 比人目尤嚴. 盖他目有時, 而可障己目, 無時可避也.

10.9

서양의 근세에 어진 왕이 있었는데, 그 이름이 메섹(Meshech, 瑪施)[86]이라 하는 사람이었다. 그는 평생 동안 의례를 익혀왔는데 일찍이 타인이나 자신의 눈으로 알몸을 본 적이 없었다. 그는 이를 매우 부끄럽게 여겼다.

아몬(Ammon, 盎滿古)[87]은 서양 남부의 이름난 수도사였다. 그는 친구와 거닐다 우연히 강가에 이르렀는데 배나 다리가 보이지 않아 그대로 강을 건너려 했다. 그는 친구가 자신의 알몸을 보게 될까 두려워 친구만 구하고 피했다. 그리고 자기 눈으로 그를 보는 것도 부끄럽게 여겨 지체하며 배회하였다. 그때 하늘에 계신 신이 갑자기 손을 내밀어 그가 반대편 언덕으로 건너가는 기적이 일어났다.

부끄러움을 안다는 것은 인간의 마음에 드는 특별한 감정은 아니다. 천주와 하늘에 계신 신께서 내린 두터운 은혜인 것이다.

吾西近世有賢王, 名瑪施者, 其生平習於義禮之修, 未嘗使人目及己目視其赤身, 玆羞之至也. 盎滿古在西南爲名修之士, 遇同友遊, 中途遇川, 無舟橋以濟, 將涉焉. 恐友見其裸, 求友避之, 又羞己目, 遲滯徘徊焉. 有天神忽至, 携手登彼岸, 異哉. 知羞者非特感人心, 又爲天主及天神所寵厚矣.

동유교육 상권을 마침.

童幼教育 卷上終.

註

1 『西國記法』은 晋絳으로부터 유래된다. 朱鼎瀚이 參定하고 高一志, 畢方濟 등이 공동으로 수정하여 인쇄에 부친 것이다.

2 단곤(段袞)은 山西 緯州人으로 字는 九章, 巨紳, 巨富 등으로 소개되고, 『修身西學』, 『神鬼正紀』 등을 교정하였으며, 『童幼教育』, 『譬學』 등의 校閱과 『寰宇始末』의 潤文을 담당했다. 천부교의 교명은 斯德望이다. 그의 동생인 段襲, 段房도 같이 활동했다고 함.

3 婚媾는 혼인을 뜻함, 婚은 처음으로 사돈을 맺어 혼인이 성립되는 것이라면 媾는 사돈 간에 혼인을 맺는 것을 뜻함.

4 『齊家西學』 擇婦 제2장에서는 부인을 선택함에 있어 경계해야 할 다섯 가지 조건을 제시하고 있다. 첫째, 빈부의 차이를 두지 말 것(勿貧富不等), 둘째, 적정한 나이 차(不年齒不齊), 셋째, 병약을 고려할 것(勿娶病弱), 넷째, 지나치게 지혜롭거나 우치하지 않을 것(婦不欲太慧 不欲太痴), 다섯째, 현명한 아내를 맞이할 것(非賢勿娶).

5 蚤婚은 早婚과 같은 의미임.

6 『齊家西學』에서는 이 부분에 대해서 "일찍 혼인하여 그 바탕에 해를 입히지 말라. 혼인을 통하여 자녀를 출산하는 데에도 때가 있다. 때가 아니면 울지 않는다. 짝을 이루는 데는 새와 짐승도 오히려 분명하다(勿以蚤基害彼孳尾有時, 非時弗鳴, 配在鳥獸猶明矣)"고 말하고 있다. 孳尾는 혼례하여 자녀를 생산함을 뜻함.

7 『禮記』 婚儀, "婚禮者 將合二性之好 上以事宗廟而 下以繼後世也"에서 혼인의 목적 중 하나로 후대를 잇는 것을 지적함.

8 서양에서 결혼적령기가 남자 30세, 여자 20세라면, 중국에서는 『경국대전』에는 남자 15세, 여자 14세로, 『朱子家禮』에는 남자 16-30세, 여자 14-

20세로 각각 정한 바 있음.
원문에 쓰인 旬은 旬年, 즉 10년을 의미한다. 중국 전통사회에서 조혼은 대체로 남자 16세, 여성 14세에 이루어졌는데 이는 중국 전통사회의 정치적 · 사회적 · 경제적 제 조건과 민속, 민중의 요구가 부합된 결과이다(全雪原, 『生育文化硏究』, 中國財政經濟出版社, 2006, 255쪽). 서양 고대의 함무라비 법전에도 결혼에 대한 언급이 있었고, 고대 서양의 결혼법(Lex Iulia de maritandis ordinibus)은 기원전 18년 결혼과 출산 장려를 위해 발족된 법으로 남성은 25-60세, 여성은 20-50세 결혼할 의무가 있음을 규정함(허승일 외, 『인물로 보는 서양고대사』, 도서출판 길, 2006, 864-865쪽).

9 『제가서학』에서는 成德者多也라고 하였다. 즉, 혼인에 적절한 때를 가림으로써 자녀들이 훌륭한 인격을 이룬 자가 많았다는 의미임.

10 위진시대에 부인을 선택한 기준으로 종현(種賢), 다자(多子), 단정(端正: 男才女貌), 장(長: 신장), 백(白: 피부)을 든 바 있었고 이 중에서 종현과 외모를 가장 중시했다.

11 여기서 두 가지는 몸과 마음을 의미함. 『제가서학』에서는 오직 맨 먼저 나이를 헤아려 보아야 한다(惟其稱 首當愼年, 『齊家西學』: 539) 하였음.

12 맨 먼저 나이를 신중히 고려해야 하는데(年齒不齊), 나이 많은 부인이 젊은 남편을 얻는 경우나 나이 많은 남자가 젊은 아내를 얻는 경우 이 모두 부끄러운 일이다(盖老婦得少夫 老夫得少妻 均可醜也. 『齊家西學』: 539)라고 함.

13 『齋家西學』에서는 "次當愼血氣"라고 한 데 반하여 『동유교육』에서는 정신(精神)이라고 하고 있다.

14 『齋家西學』에서는 이어서 "可謂娶婦耶"라고 하고 있다. 즉, 비록 자신이 가난하지만 부귀한 아내를 맞이하면 부인을 제대로 얻은 것이라고 할 수 있다는 의미임. 여기서 주인은 섬겨야 할 대상인 부인을 뜻함.

15 妖孽(요얼)은 妖鬼로 인한 재앙을 의미함.

16 『齋家西學』에서는 "可哀也"라고 한 데 반하여 『동유교육』에서는 "可不愼哉"라고 하고 있다. 제가서학에서는 擇婦의 조건으로 勿聚病弱을 들고 있음.

17 兢兢(긍긍)은 삼가고 두려워하는 모습을 의미함.

18 宇內는 세상 안, 천지를 의미함.

19 점성술, 星辰 숭배, 바빌로니아에서는 성신 신화가 발달하여 모든 천체가 사회나 인간의 운명을 좌우한다는 신앙이 있었다. 중국에서는 『詩經』 속에 북극성, 북두칠성, 九曜星 등이 중요시되었다.

20 데모크리토스(Democritos, 特牧斯德, BC 460-371): 고대 그리스 철학자, 바뇨니는 中古시대(약 BC 500-323)를 기점으로 그 이전을 上古시대, 그 이후(헬레니즘)를 下古시대로 각각 구분하고 있다.

21 디오게네스(Diogenes of Sinope, 第阿日搦, BC 412?-323): 고대 그리스 키니크(Kynik)학파의 대표적 인물, 스토아학파 사람들은 이상적인 현자로 숭배했다.

22 서구의 늑대 소년(wolf boy) 이야기를 의미함.

23 제롬(St. Jerome, 日落尼抹, 347-420): St. Jerome은 Jerome, Sophronius Hieronymus, 聖熱羅尼莫이라고도 부름. 이탈리아 Dalamatia(현 유고) 근처 국경에서 출생, 성경을 라틴어로 옮겼으며 금욕주의자였다(박도웅 · 양정호 역, 『기독교 인물사상사전』, 홍성사, 2007, 76-78쪽).

24 소크라테스(Socrates, 束格辣德, BC 469-399): 기원전 5세기경 활동한 고대 그리스의 대표적인 철학자.

25 원문에 언(諺)은 오랫동안 전해 내려오는 속담, 常言을 지칭한다. 또는 粗俗한 것으로 喭과 통하거나 직어(直語)의 의미로 해석되기도 한다. 여기서는 속담의 의미이다.

26 亞得納은 아테네(Athene)의 음역, 고대 그리스의 도시 이름.

27 레아(Rhea, 厄馬)는 타조의 일종. 남미에 서식하는 무익조류로, 학명은 Rhea. 아프리카의 타조와 비슷하나 몸집이 작고 발톱이 세 개임.

28 크라테스(Krates ho Thebaica, 格辣德, BC 365?-285): 그리스 키니크(Kynik)학파의 대표 인물, 학자로 알려짐.

29 필리포스(Philippos, 斐理伯徃, BC 382-336): 대국인 마케도니아의 지혜로운 왕.

30 아리스토텔레스(Aristoteles, 亞里斯多, BC 382-322): 고대 그리스 최고의 철학자이자 논리학자, 시인, 과학자. 플라톤의 제자로, 삼단논법의 형식을 확립하였다.

31 알렉산더(Alexandros, 亞歷山, BC 356-323): 필리포스 2세의 아들로, BC 336-323까지 마케도니아 왕으로 재위.

32 스파르타(Sparta, 辣責德莫納 혹은 拉塞達埃蒙): Lacedaeon, Laconia, Lakedaimonia라고도 함.

33 액조제아(厄助濟亞) 또는 厄勒齊亞는 라틴어 Grecia의 음역으로 오늘날 그리스(Greece)임.

34 엠페도클레스(Empedocles, 耶都略氏, BC 490?-430): 고대 그리스 철학자이자 정치가, 시인, 종교 교사, 의학자.

35 마르쿠스 아우렐리우스(Marcus Aurelius, 奧助略, 121-180): 로마제국의 제16대 황제(재위 161-180)이자 후기 스토아학파의 철학자.

36 프로타고라스(Protagoras, 伯路大哥, BC 500-430): 고대 그리스의 철학자, 소피스트.

37 아리스티포스(Aristippos of Cyrene, 亞里第頗, BC 435?-366): 서양 고대 그리스의 철학자. 소크라테스의 제자로, 소크라테스 학파의 하나인 키레네 학파를 창시함.

38 원문에 속수(束脩)는 스승을 뵐 때 쓰는 예물 또는 학교 입학 시 내는 비용을 의미함.

39 여기서 僕은 페이다고고스(Paidagogos, 教僕)로, 당시 그리스 시대에 귀족 자제를 돌보던 노예 신분의 교사를 의미한다.

40 페르시아(Persia, 伯兒洗亞): 오늘날 이란 지역임. 『직방외기』에서는 百爾西亞라고 표기됨.

41 고대 그리스의 공교육 기관으로는 Academia, Lyceum. Cynosorges 등을 들 수 있다.

42 12세기경 발달한 중세대학에는 이탈리아의 Bologna, Salerno대학, 프랑스의 Paris대학 등이 있다.

43 1540년 이나시오 로욜라(Ignatius de Loyola)가 사비에르(Francis Co Xavier) 등과 함께 파리에서 설립한 남자수도회이다. 중국식 표기로 야소회라고 한다. 영문명은 Society of Jesus. 한국에 들어온 것은 1954년. 서강대학교(1960), 광주가톨릭대학교(1962) 등의 교육기관을 설립, 운영하고 있다.

44 예수회 선교사였던 알레니(G. Aleni)의 『서학범』에서는 費西加譯言察性理之道以剖判萬物之理而爲之辯其本原其性情이라고 하여 철학의 한 분야로서 만물의 이치를 분석 판단하는 학문을 물리학, 천주교의 교리를 해석하는 학문을 신학(theologia, 陡祿日亞)으로 각각 분류하고 있다.

45 세네카(Seneca, Lucius Annaeus, 色搦加, BC 4?-AD 65): 로마 스토아학파의 철학자.

46 아르키메데스(Archimedes, 畧泥, BC 287-212?): 서양 고대의 위대한 수학

자.『직방외기』에서는 亞爾幾黙得으로 표기됨.

47 마르쿠스 아우렐리우스(Marcus Aurelius Antonius, 瑪棘加, 121-180): 로마 5현제 중의 한 사람, 후기 스토아학파의 철학자.

48 리쿠르고스(Lycurgos, 利古兒義)는 기원전 7세기 초 스파르타의 전설적 입법자로, 토지의 균등분배, 원로원 설치, 민회의 정기적 개최, 시민의 군국적 생활 등을 엄격하게 규정한 법을 제정함.

49 솔론(Solon, 束巒, BC 638?-558?): 고대 그리스 아테네의 정치가. 그리스 7현인 중 한 사람.

50 서구 서남지방의 대학은 로마를 기점으로 지금의 나폴리(Napoli)대학으로 추정해볼 수 있다. 이 대학은 1224년 프레드리히 2세에 의해 인가된 대학임.

51 양친의 자녀에 대한 꾸짖음을 통한 교육 내용과 유사한 성경의 구절은 다음과 같다. 잠언 1:7, 2:1, 3:12, 4:4, 5:12, 5:23, 13:24, 13:11, 13:18, 15:5, 23:13, 13:24. 에베소서 6:4.

52 유대(Judea, 如德亞).『직방외기』에서는 與德亞로 표기됨.

53 에리스(Aries, 厄里氏)는 유대의 국왕.

54 여기서 公堂, 空庭은 法庭의 구칭임.

55 이솝우화의 바람과 햇님(The Wind and The Sun) 이야기를 비유하여 전하는 내용임.

56 성경 구약 전도서 1-7. 江河流入大海, 海卻不滿不溢, 水歸回發源之處 又川流不息.

57 코끼리를 음(陰)으로 분류한 것은 12天將의 열한 번째 신인 辛酉의 金신을 상징하여 和神, 陰私, 暗昧, 부녀자의 신을 의미한 것으로 코끼리 습성에

달 밝은 밤에 목욕을 즐겨하는 것을 상징적으로 陰으로 분류한 것으로 봄.

58 여기서 堂은 학교를 의미하는 것으로 당시 아테네에 두 부류의 학교, 즉 Gymansium인 체육학교(Akademeia)와 음악학교(Didas Caleum)를 지칭하는 것으로 여겨짐.

59 페르시아에는 10명의 왕이 존재한 것으로 전해온다. 그중에 어떤 왕을 지칭하는지 분명하지는 않지만 자녀교육에 관심을 가질 정도로 훌륭한 왕이라면 다리우스(Darius, 濟祿, BC 550-486)를 들 수 있다. 그의 아들은 크세르크세스(Xerxes)였다.

60 코린트(Corinth, 格肋達)는 그리스 본토와 펠로폰네소스 반도에 있는 지협(地峽)에 위치한 고대 폴리스 국가.

61 다윗(David, 達未得, BC ?-961): 고대 이스라엘의 제2대 왕.

62 내용으로 미루어보아 다윗 왕의 뒤를 이어 왕위에 오른 유명한 제왕이라면 솔로몬 왕으로 여겨짐.

63 키루스(Cyrus) 대왕이 BC 559년 페르시아 왕이 된 후 그의 아들 캄비세스(Cambyses, BC ?-521)가 계승함. 여기서는 캄비세스를 말함.

64 다리우스(Darius, 濟祿, BC 550-486): 페르시아의 전사왕.

65 에피쿠로스(Epikuros, 厄比姑樂, BC 342-271): 고대 그리스의 쾌락주의 철학자.

66 마티아스(St. Matthias, 篤彼亞, ?-?): 가톨릭 성인으로, 예루살렘 지역에서 활동함.

67 아풀레이우스(Apuleius ho Madaura, 亞兒伯多氏, 123-?): 고대 서양의 철학가, 문예가로 카르타고, 아테네, 로마 등지에서 활동했다. 철학적으로 절충적 플라톤주의를 표방했고 통속적 · 신비적 · 종교적 세계관을 보여 주

었다.

68 원문에서는 十條目이라고 표현했으나 그 의미는 십계명으로 이해됨.

69 고대 그리스의 도시국가인 폴리스에 형성된 광장으로 민회와 재판, 상업, 사교 등 다양한 활동이 전개됨.

70 파르메니데스(Parmenides, 斐卯氏, BC 544-501): 고대 그리스 철학자로, 엘레아학파의 시조.

71 암브로시우스(Ambrosius, 盎費盎納, 337-397): 이탈리아 성인. 밀라노 지역의 주교, 신학자, 저술가로 활약.

72 크로이소스(Kroisos, 格肋所, BC 560?-540): 리디아(Lydia) 최후의 왕.

73 다람쥐(Squirrel, 里卯). 현대 중국어로는 栗鼠, 花鼠로 표기됨.

74 默罷伯, 날짐승 중에서 자식 사랑을 잘하는 새로는 십자매(Beengalee)를 들 수 있다.

75 부모 효에 대한 내용의 성경 구절은 엡 6:1-3(要孝敬父母, 你就事事亨通, 在世上亨長壽), 신 5:16, 사 54:13, 출 20:2 등이 있다. 여기서는 엡기와 신명기(遵照我的命令孝敬父母, 好使你事事順利, 在我要賜給你的土地上亨長壽)의 내용, 출애굽기 20:12 등으로 추정됨.

76 성 바오로 3세 교황(St. Paul III. 保祿). 재위 1534-1549.

77 보에티우스(Boethius, Anicius Manlius Severinus, 美琵, 470-525): 고대 로마의 철학자. 최초의 스콜라 철학자로 알려짐.

78 羅謨落은 이탈리아의 수도인 로마(Rome)를 지칭함. 『職方外紀』와 마테오 리치의 『萬國全圖』에서는 羅馬로 표기.

79 탈레스(Thales, 達肋斯, BC 624?-546?): 고대 그리스의 철학자. 최초의 유물론 학파인 밀레토스학파의 시조로, 기하학, 천문학에 정통.

80 아타나시우스(Athanasius, 妖孽, 295-373): 그리스의 교부(敎父)이자 성인. 알렉산드리아에서 활동함.

81 비디아스(Bidias, 比第亞氏): 고대 서양의 현명한 여인을 지칭함.

82 카토(Marcus Porcius Cato, 加篤, BC 234-149): 고대 로마의 정치가이자 장군이며 문인.

83 그레고리(St. Gregorius, the Great, 厄肋峩略, 540-604) 성인: 수도사, 전도사, 학자, 작곡가. 가톨릭 교회의 교리와 미사의식, 교황제를 정립. 590년 로마 교황에 추대되었으며, 대교황(Gregorius Magnus)이라고 불린다.

84 버나드(St. Bernard of Clairvaux, 伯兒納, 1090-1153) 성인: 끌레르보의 수도원장. 중세교회 신앙에서 신비설의 건설자로 스콜라 철학에 근거한 변증법을 배척했다.

85 羅瑪는 이탈리아 수도인 로마(Rome)를 지칭함, 羅馬落 또는 羅馬로도 표기됨.

86 메섹(Meshech, 瑪施): 야벳의 아들. 창 10:2, 대상 1:5.

87 아몬(Ammon, 盎滿古): 서구 서남부의 유명한 수사를 지칭함.

동유교육 하권

童幼教育

멀리 서양 예수회 선교사 고일지(高一志) 쓰고,

단곤(段袞), 진강(晉絳), 한림(韓霖)이 교열(校閱)하다.

緘默

1 침묵의 가르침

1.1 사람의 마음을 알고자 하면 그의 얼굴을 보거나 그 말을 들어보면 된다. 얼굴은 마음의 거울이고 혀는 감정을 표현하는 도구이다. 얼굴로 표현하는 것은 혀로 표현하는 것만 못하다. 그러므로 옛 현인들이 처음 배우기를 시작하는 아동들에게 말하기를 "말이란 그 사람이 어떤 사람인가를 알게 하지만 얼굴은 그렇지 않다. 반드시 그 말을 들어 보아야 속내를 알 수 있다" 하였다.

예전에 어떤 명사가 사람들 가슴에 구멍을 내어 안으로 들여다보고 즐기며 밖으로 드러내고자 하였다. 어떤 사람이 이 소리를 듣고 말하기를 "입이 바로 마음의 창인데 하필이면 왜 가슴에 구멍을 냅니까?" 하였다. 그러자 명사는 "사람의 마음은 병과 같아서 입을 보면 안에 담긴 것을 알 수 있다. 그런데 입으로 한 말은 쌓이지만 묘한 것은 말을 하지 않는 데에 있다. 이 때문에 예전에 현인과 스승이 묵언을 으뜸되는 모범으로 삼아 많은 가르침을 베풀었다" 하였다.

> 欲識人之心, 覩其面, 聞其言而可矣. 面乃心之鑒, 舌乃情之筆也. 面猶不如舌之著焉. 故古賢接初學童子命曰, 言予以觀汝是, 覩面未可識, 必聞言乃可探其蘊也. 昔有名士, 願人胸中備一竇使内悰外露也, 或聞之曰, 口乃心之牖, 何必竇乎, 人心如甁視其口知所藏矣, 然口之所言, 其蓄之妙, 在于不言, 是以古賢師設敎, 多以默爲宗範焉.

1.2

알프스(Alps, 亞兒波氏)[1] 지방 사람들은 일찍이 언어를 통한 의사소통 없이도 묵언으로 학습을 했다고 한다. 또 예로부터 높은 선비와 많은 교사들은 학교 문 밖에 현인의 석상을 세워 두었는데 그 석상은 모두 손으로 입을 막고 있었다. 피타고라스(Pythagoras, 比達臥辣, BC 582?-497?)는 상고시대에 유명한 교사로 어린이를 깨우치게 하는 데 초기에는 반드시 다섯 번 묵언하는 것을 으뜸가는 일로 삼았다. 소크라테스(Socrates, 束格辣德) 역시 고대 철학자로 모두 그 문하에서는 먼저 칠 년간의 묵언을 익힌 다음에 말을 할 수 있도록 허락하였다.

대개 많이 듣지 않고서도 말을 배우는 경우가 있는데 어떻게 이를 두고 말을 안다고 할 수 있겠는가. 묵언도 말을 가르치는 하나의 방법이다. 무릇 말을 할 때나 말을 해야 하는 일에 임하여 덕 있는 선비라 하여도 어린이가 이에 대해 아는가를 변별해내기가 쉽지 않다. 그러므로 성경[2]에 이르기를 "어린이가 일을 직접 관여하지 않지만 말을 하지 않고 다시 물어보면 비로소 그 어린이가 무엇을 말하고자 하는지를 알 수 있다"고 하였다.

亞兒波氏人未嘗聞其言而黙以成其學, 乃從來高士多師之西士黌門之外, 皆立此賢石像以手緘其口. 比達臥辣上世名師也, 啓蒙初時必以五載之黙爲首功焉. 東格辣德 亦近古理學也. 凡習其門先脩七年之黙, 然後許之言. 盖未以多聞學言, 焉能知言乎則, 黙乃教言之道也. 夫當言之時, 及當言之事, 成德之士, 猶難辨, 童子能知之乎. 故聖經云, 幼者非關爾事, 勿言有再問爾者方對可也.

1.3

조물주가 어린이를 만들 때 먼저 많이 들어 익히도록 하기 위해 두 귀를 갖게 했다. 그러나 귀로 듣게만 할 뿐 가르칠 때 말을 못하도록 수년 동안 금하였더니 학습에 진전이 없어 말하는 것을 허락하였다. 어찌 조물주의 명을 어기리오. 미숙한 망아지를 길들여 복종하도록 하려면 고삐로 그 입을 묶는다. 기운이 왕성하게 일어나는 어린이는 미숙한 망아지나 다름없다. 그러므로 이를 통제하여 복종하게 하는 방법으로는 마음대로 발설하지 않도록 고삐로 입을 막는 것보다 더 좋은 방법이 없다.

무릇 인간의 마음은 부유한 창고와 같고 인간의 입은 창고에 나 있는 문과 같다. 그런데 그 문을 잠그지 않으면 반드시 도둑이 들어 후회하게 된다. 마음의 입을 봉하지 않는다면 어찌 외부로부터의 침입을 받지 않을 수 있겠는가. 이처럼 잃어버린 다음에야 그로 인하여 훌륭한 학습이 되기도 한다. 그렇기 때문에 군자의 학문은 마음으로부터 전해 받고 입을 막아 침묵으로 학덕을 쌓아 간다.

造化主生孩孺時, 欲其先習于多聞, 則具其雙耳. 使便于聽誨而舌, 則結之數年, 不許出語, 童子不待學成, 而急于方言. 豈不違造物之命乎, 或得劣駒而, 欲馴服之, 乃以轡縛其口, 幼者乘氣之盛與劣駒無異, 則計服之法莫善于納轡其口, 不許任意發言也. 夫人心譬富庫焉, 而人口譬之庫門有庫, 而不封其門, 必致誨盜, 心無口之封, 豈止受外入之侵, 當失其所得美學矣. 是以君子之學, 承傳于心, 則閉口而默蓄焉.

1.4 이에 반하여 소인은 배우는 데 있어 단지 그것을 귀로 듣고 입으로 내보낼 뿐이다. 이렇게 하니 어찌 배움이 축적되어 진전이 있겠는가. 예전에 현자 프로타고라스(Protagoras, 伯路大, BC 500-430)[3]가 말하기를 "말주변이 좋

은 사람은 마음으로 말을 듣지 않고 입으로만 내뱉을 뿐이다. 말이 입에만 있기 때문에 그 말이 한번 귀로 들어와 입으로 발설되면 마음에도 없고 공허할 뿐이다"라고 하였다.

선지자인 가롯 유다(Judas Iscariot, 假喩, ?-?)[4]는 말하기를 "저승(陰司)에는 여러 가지 형벌이 있는데, 금이 간 항아리에 물을 항상 가득 채워 두게 하는 형벌이 있었다. 죄인이 물을 길어다 붓는 일을 쉬지 않고 했지만 항아리에 물은 차지 않았다. 아아, 말하기 좋아하는 어린이는 금이 간 항아리일 뿐이다"라고 하였다. 이미 논밭을 잘 다스려 좋은 종자를 파종했다면 농부는 그 씨앗을 잘 저장만 해서는 아니 된다. 만일 씨앗을 저장해 두기만 하면 씨앗에서 싹이 트지 않게 된다.

고대 서양에 어린이 교육에 뜻을 둔 사람이 전한 말이다. 토마스 아퀴나스(St. Thomas Aquinas, 篤瑪, 1225?-1274)[5]는 열심히 침묵하는 것을 배웠다. 그런데 함께 공부하는 사람들이 토마스 아퀴나스에 대해 말 못하는 벙어리 소라고 부르는 것을 들은 어진 스승이 이를 꾸짖어 말하기를, "그 말 못하는 소는 반드시 큰 소리를 낼 것이다"라고 하였다. 이에 토마스 아퀴나스가 침묵하는 것을 통해 크게 깨달음을 얻고 수학을 마치자 뒤에 서양의 모든 나라에서는 그를 우레와 같이 본보기로 삼았다고 한다. (토마스 아퀴나스가 침묵을 배우느라 말을 하지 않자 동료들이 그를 벙어리로 여겨 큰 소리로 불렀다. 그러나 그는 벙어리가 아니라 단지 침묵을 배울 뿐이고 이내 큰 소리로 답할 것임을 비유한 이야기이다. 이는 토마스 아퀴나스가 침묵의 학습에 모범이 된 이야기임)

小人之學入乎耳, 而出于口, 豈有所留以增于學耶. 古賢伯路大曰佞者之耳不屬乎心, 惟屬乎口, 其所入必出而心且空虛矣. 先知者假喩曰 陰司萬刑中, 有恒盛水罅瓮, 而不息者, 常勞而無益, 噫嘻. 好言之幼乃罅瓮而已, 畎畝己治嘉種己播, 爲農者不謹藏之, 未有能勃發者也, 下古泰西有幼志實學者曰, 篤瑪所勤脩默學, 同學者呼爲瘖牛, 賢師聞而責之, 曰夫瘖牛必將發大聲, 篤瑪所後 發默學之大業, 終爲吾諸國之表如雷焉.

1.5

미미한 기운은 먼저 구름 안에 소리 없이 머물면서 점차 그 세력을 키운 다음에 갑자기 큰 소리를 낸다. 이를 관찰해 보면 참다운 학업은 이런 침묵으로 말미암지 않는 것이 없다. 그레고리(St. Gregorius, the Great, 額肋峩略)[6] 성인은 말하기를 "묵언이란 말할 필요를 없애는 것으로, 피차간에 기를 필요가 없다. 때로 정도를 넘어서는 자가 있으면 스승이 이를 듣고 벌을 주는데, 그 벌은 먼저 말을 적게 하도록 하는 것이다. 그리하여 스스로 여러 해 동안 묵언함으로써 벌을 받게 한다. 아아, 환난을 만나 이를 피하는 방법으로는 묵언 만한 것이 없다.

지혜로운 사람일수록 묵언하고 어리석은 사람일수록 말을 함부로 한다. 비아스(Bias, 比亞氏)[7]는 고대 칠현 중의 한 사람으로, 어떤 지위에 있으면서 말을 하지 않자 말주변이 좋은 사람들이 그를 어리석다고 비난하였다. 비아스가 그에 응대하여 말하기를 "어리석은 자는 어떠한 자리에서도 침묵하지 않는다. 하물며 어떤 지위에서는 어떠하리오"라고 하였다. 그러므로 사랑스런 어버이와 밝은 스승이 그를 교육할 때 침묵에 대하여 힘쓰지 않은 적이 없는 것이다.

어린이는 조용한 가운데서 배우되 얼굴에서 말이 나오도록 해야 한다. 대체로 참다운 배움의 전당에는 두 가지 등급이 있는데 하나는 묵언이라고 하고 또 하나는 말을 적게 하는 것이다. 이것이 곧 실다운 배움을 하는 것이다.

先有微氣含于雲内, 漸長增力無聲, 然後發大聲, 以此觀之則眞學之業, 未有不由於默者也. 聖額肋我略曰, 默者養言之需廢, 彼而此無所養也 或有言踰理者, 其師聽而懲之, 則欲補先言之闕, 乃自罰以數年之默焉. 嗟乎遇患避難之法, 無如默, 人愈智愈默, 愈愚愈放言矣. 比亞氏古七大賢之一, 在席不言, 佞者譏之曰, 愚, 比亞對曰, 愚者必不默, 況席中乎, 故慈親明師教育之際, 無不務於默, 使幼者修學靜中, 而從容出言, 盖眞學之堂有二級, 一謂默, 一謂希言, 由暨此乃爲實學耳.

2 믿음직한 언행

2.1 어린이의 성품 중에 말을 번잡하게 하거나 거짓말을 하는 경우가 있는데, 침묵으로 번잡한 말을 통제한 다음에 거짓말을 바로 잡아야 한다. 말을 진실되게 하는 것은 일찍 익히도록 해야 한다. 사람이 태어날 때 가지고 나오는 감정은 순수하지만, 말이란 사물에 접하면 접할수록 거짓이 달라붙게 마련이다. 그러므로 지혜로운 부모와 스승은 삼가 몇 가지 교훈으로 어린이를 가르쳐 본질을 보존하게 하고 세상에 물들지 않도록 해야 한다.

피타고라스(Pythagoras, 比達卧辣)는 상고시대 현인으로 항상 말하기를 "인간이 하늘로부터 부여받은 것으로 참다운 마음에서 나온 것보다 더 큰 것이 없고, 진정으로 사람들에게 널리 베푸는 것보다 큰 것이 없다. 천주께서 천주가 된 까닭은 오직 참에 이르고 어진 경지에 이르렀기 때문이다. 그렇기에 백성을 낳는 어버이와 천주가 되는 이유는 사실 참다운 것과 어짊이라는 두 가지 덕 때문이다"라고 하였다. 또 어떤 사람이 묻기를 "어진 사람이 천주의 명을 받들어 따르는 까닭이 무엇입니까" 하니 이에 "진리를 실천할 따름이다"라고 답하였다.

童幼之性, 或煩于言, 偏於僞, 旣以黙制其言之煩, 次須正其言之僞, 使早習于信. 夫人初生情純, 言直愈交接于物, 愈加于僞矣. 故親師之智者, 謹于幾微, 教訓于孩提, 使存原質, 而不沾世染也. 比達臥辣上世之賢也, 常曰, 生民所秉于天, 莫大于能從眞情, 而洪施於人. 盖天主所以爲天主者, 惟其至眞至仁故也. 則生民所以親天主者, 實在眞仁二德. 或問賢者所以, 承順天主之命, 答曰, 行眞而已.

2.2

다윗(David, 達味)[8]은 고대 서양의 성왕으로, 천주께 묻기를 "우리 천주께서는 앞으로 누구를 그 성당에 안치하려 하십니까?" 하자, 이에 "진실된 마음으로 그 혀를 속이지 않은 자는 진실한 사람이다. 그는 하늘로 올라가는 계단을 밟아 하늘에 이르러 천당에 이르지 않음이 없이 영원히 안락하리라"라고 답하였다. 또 옛 시에 말하기를 "참된 자는 원래 하늘에 살거나 이 땅에 내려와도 반드시 사람들을 거느리고 하늘로 돌아가기를 계획한다" 하였다.

플라톤(Platon, 罷辣多)은 고대에 문장으로 유명하여 으뜸가는 스승이었다. 그는 말하기를 “참된 사람은 선행을 하는 사람들의 모범이 된다. 그가 나아가면 덕 있는 사람들이 그를 따르고 물러가면 성인과 더불어 물러간다” 하였다. 또 어떤 성인이 말씀하시기를 “참된 것과 참되지 않은 것이 모두 선의 기초가 되고 모든 배움이 지향하는 바가 된다. 대개 글을 닦고 사물의 이치를 연구하는 사람은 그 참됨을 보호하고 지키는 것을 꾀하므로 거짓을 면하지 않음이 없다”고 하였다. 이처럼 어린이로 하여금 일찍 진실을 익히도록 하지 않는다면 오직 거짓과 속된 것에 따라 그 배움을 이룰 수도 있다.

達味古之聖王, 請問於天主曰, 吾主孰將安於爾聖堂者乎, 答曰, 言眞於其心而無欺於其舌者, 然則眞者, 乃升天之階而踵之者, 無不至於天堂, 永永安樂焉. 故古詩云, 眞者原居乎天而, 或降臨斯地, 必計率人反歸於天. 罷辣多氏古文名宗, 謂眞者, 乃衆善之師也. 進卽群德從之, 退則群德併退, 聖人又曰, 眞者非眞爲諸善之基, 又爲諸學向處, 凡圖修文格物窮理者, 無不計護持其眞而免僞焉. 令吾幼者不早習於眞實, 而惟依從僞俗能成其學也.

2.3

이집트(Egypt, 耶厄日多)는 다양한 학문을 수학하는 고대국가였다. 이 나라에는 그림 그리는 일에 뛰어나 사물의 은밀하고 묘한 부분을 잘 묘사하는 사람이 있었는데, 그는 참된 사람의 얼굴 모습을 그릴 때 반드시 해가 도는 것을 그렸다고 한다. 왜 그랬을까? 햇빛이 사방으로 비치면 만물을 가려내어 눈으로 보는 바와 차이가 없게 된다. 참다운 것은 바르되 삿됨이 없고 진실되며 공허하지 않아 모든 숨겨진 것을 비춰볼 수 있다. 혹 어두운 곳에 처하면 혼미해져 분간할 수 없으나 다행히 촛불로 비치면 어딘가에 빠지는 것을 면할 수 있다.

무릇 어린이는 대부분이 미숙하여 어둠 속에서 생활한다. 그리하여 아직 실다운 배움에 밝지 못하고 진정으로 바로잡아 가르치지 않으면 반드시 올바르게 나아갈 수 없다. 그렇기 때문에 먼저 학문을 수학한 이들이나 성현들은 어린이 교육을 처음 세울 때 거짓말을 금하게 했다. 그리고 반복해서 정성스럽게 진실을 말하게 했다.

耶厄日多古多學之國也, 國俗精於繪事, 能指事物之隱妙, 且欲形容眞者之貌, 必畵日輪, 何也. 日光輝四射炳然辨剖萬物, 使目視得無差焉. 眞者正而無邪, 實而無虛, 能照輝諸隱, 或投暗中卽昏昧弗識所趨, 幸而得燭照, 卽可免陷溺矣. 夫幼者多投居於暗, 未明實學, 終始非得眞情引指, 必不能進, 是以先學聖賢, 初立幼敎, 無不禁僞言, 而反復叮嚀于眞實也.

2.4

페르시아(Persia, 伯亞西亞)에는 어린이에게 먼저 인(仁)을 가르친 다음에 차례로 모든 믿음을 익히게 하는 풍속이 있었다. 그렇게 하지 않으면 반드시 무거운 수치심과 징벌을 가했다. 스파르타(Sparta, 辣責德抹古)와 그리스(Greece, 厄肋濟亞)는 유명한 도시국가였다. 이 나라에서는 어린이에게 말을 가르치고 배우는 데 반드시 말을 적게 하고 바르고도 사실대로 하도록 권면했다. 그러므로 스파르타는 항상 책을 쌓아 두고서 법을 말하여 세간의 모범이 되었다.

아테네(Athene, 亞德納) 역시 인간이 하는 말을 닦도록 하는 데 이름난 도시국가였다. 바른 말은 옳고, 무거운 것은 진실이며 와전된 말은 나쁜 말이다. 이런 나쁜 말은 법정(公堂)에서 벌을 주기 위해 알려 드러내 스스로 와전된 말임을 인정하여 숨김없이 빠뜨리지 않고 모두 밝혀내면 그를 용서하고 죄로 여기지 않았다. 아아, 진정한 아름다움이란 죄인의 입에서 나온 말로 오히려 용서를 구할 수 있는 것이다. 하물며 착한 사람은 어떠하겠는가?

알렉산더(Alexandros, 歷山) 대왕은 서양의 이름난 왕이었다. 당시 역사서에는 공이 있는 자에게 왕위를 준다는 기록이 있었는데, 이를 알고 어떤 이가 공이 없는데도 있는 것처럼 꾸며 말하였다. 사실이 아님을 알게 된 대왕은 크게 화가 나 역사서를 하천에 내던지며 말했다. "그대 몸을 물에 잠기게 하면 잠시 후 그대 말이 물에 잠기게 될 것이다." 왕이 거짓말과 거짓된 사람을 매우 싫어했기 때문에 아주 통절히 꾸짖은 것이었다.

伯亞西亞國, 古俗有子者, 先教以仁, 次習諸信, 其不若者必重羞重懲之. 辣責德抹古厄肋濟亞國名邑也. 勸于幼學敎之言, 必欲希且約欲正且實, 故辣責德抹言法常載于書, 爲世範焉. 亞德納亦脩言名邑也. 惟正言是重是實, 惟訛誕是惡, 是戮至於公堂, 被告訐而自實承不匿不漏, 必赦免之不罰也. 嗟乎, 眞情之美于罪人之口, 猶得肆赦, 況善人乎. 歷山西之名王也, 史有紀王功者, 呈之王, 王讀而遇非情之功, 言不實則, 嗔而擲書於河曰, 當沈爾身姑沈爾言, 盖僞言僞人王所深厭, 故痛絶之耳.

2.5 옛 서양에 인간의 성품에 대해 연구하는 고귀한 선비가 있었는데, 다들 그를 파르메니데스(Parmenides, 巴拉搦)[9]라고 불렀다. 많은 사람들이 그를 스승으로 삼고자 했는데, 말이 바르지 못한 경우에는 사절하고 영원히 스승으로 삼지 못하게 했다.

어떤 어진 사람에게 "거짓이 참을 가장하면 어떻습니까?" 하고 묻자, 그는 "참이란 그 말을 아름답게 꾸미지 않으며 그 얼굴색을 착한 척하지 않아 많은 사람이 그것을 신뢰한다. 반면에 거짓이란 남의 환심을 사기 위해 아첨하는 교묘한 말과 보기 좋게 꾸미는 얼굴빛을 하기 때문에 많은 사람이 그를 천하게 여긴다. 그러므로 다른 사람을 욕되게 하는 큰 허물이 거짓된 말만 못한 것이다"라고 하였다.

대체로 겸손하면서 거만하고, 청렴하면서 탐욕을 부리고, 다른 사람에게 베풀면서 인색하며, 깨끗하면서 더럽고, 유순하면서 화를 내면 다른 사람을 깨끗하게 할 수 있으므로 그를 불신하는 사람이 없다. 거짓은 비록 바른 말로 표현되어 사실이라고 서약하지만 그래도 부족한 부분이 있어 이를 채우지 않으면 사람들이 마침내 불신하게 되는 것이다. 이런 말이 있다. "거짓된 사람에게 서약을 하면 그 서약하는 말이 부당한 것을 서약한 것이 되니, 이 또한 위태롭지 않은가?"

西域徃有務于性學者, 敬高士, 總名曰巴拉搦者, 衆民師之, 但或言偶不正, 則辭絶之永永不使師人矣. 或問一賢曰, 僞假眞己者如何, 賢曰, 眞者不文其言, 不善其色衆信之, 僞者巧其言令其色, 衆鄙之. 故諸辱人大愆, 莫若僞言焉. 盖傲以謙, 貪以謙, 吝以施, 汙以潔, 忿以馴, 可以雪洗人, 未有不信者. 惟僞者雖發正言, 實之以誓, 尙未足補前闕, 而人終不信矣. 語曰, 人言當誓僞人, 誓不當言, 不亦殆哉.

2.6

아모세(Ahmose, 亞瑪洗)[10]는 상고시대 서양의 왕이었는데 이집트(Egypt, 厄日多)[11]는 그가 다스린 국가였다. 이 나라에서는 삿된 마귀를 신봉하면서 마귀에게서 은밀하게 당시 세상의 길흉 문제에 대한 자문을 받았다. 혹 그가 한 말이 허황된 것이면 사람들이 그의 초상을 훼손하고 그를 존경하지 않도록 했다.

성경에 이르기를 "귀신과 마귀는 아버지도 속인다. 귀신이 한번 속이는 그 말은 믿을 만한 것이 못 되지만 사람이 거짓으로 속이면 그 말을 믿게 된다. 그러나 거짓말로는 타인의 신뢰를 얻을 수 없기 때문에 그 치욕은 이루 말로 다할 수 없다."[12] 하였다. 또 아리스토텔레스(Aristoteles, 亞理斯多)는 일찍이 이렇게 말한 바 있다. "남을 속이고 욕하는 사람을 만나지 말라. 많은 이들이 그를 불신하게 될 것이다. 이는 바로 사람을 속이는 것이 크게 욕되게 하는 것이기에 그렇다." 대개 사람은 사물을 접함으로써 신뢰 여부가 생겨나게 되고, 만나 교류함에 있어 믿음이 있어야 한다. 사람들로부터 신뢰를 잃게 되면 교류가 없어지는 것인데, 교류가 없게 되면 사람이 무엇을 낳을 것인가.

피타고라스(Pythagoras, 比達臥拉氏)[13]는 예전에 자신의 제자에게 경계하여 말하기를 "흰 가슴에 검은 꼬리를 한 새는 젓대 위에 올라가지 않는다"라고 하였다. 그 이유를 풀어 말하자면, 흰 가슴에 검은 꼬리를 한 새는 곧 사람을 속인다는 말이다. 대체로 속이는 자는 교언영색(巧言令色)을 하여 그 얼굴색이 순백색 같이 된다. 마침내는 증거도 없고 결과도 없다. 이는 검은 꼬리가 사람을 속인 것과 같다. 어진 스승은 이런 부류의 사람과 더불어 놀고 말하지 않는다.

亞瑪洗上古王, 厄日多國也, 其國奉邪魔, 可密詢時事之吉凶, 或遇其言之虛, 輒毁其像, 不許人敬之. 聖經云, 鬼魔乃僞之父, 鬼一僞其言, 猶未足憑信, 而人僞可信與爲人. 而不得人信, 乃辱不勝言也. 亞理斯多嘗曰, 使僞人勿遭他戮辱, 而惟衆人不信之, 是則戮辱之大者矣. 盖人以交接物而生, 夫交接之信, 令人無信, 則亦無交接, 無所交接則人何以生爲. 比達臥拉氏徃徃戒其弟子曰, 鳥之白胸里尾者, 勿上筵也, 觧之者曰, 白胸黑尾之鳥, 乃僞人也. 盖僞者巧言令色, 其面若粹白焉, 究竟無證據無結局, 是若黑尾如斯人者, 賢師以爲不足與遊與言也.

2.7 플라투스(Platus, 罷辣多氏, BC 254-184)[14]는 기술자가 거짓으로 꾸며서 물건을 만들지 못하게 했다. 이를 어긴 자에게는 바르게 응분의 벌을 내렸다. 서양의 리비아(Libia, 利濟亞)[15]라는 국가의 옛 풍속에는 이에 대해서 더욱 엄하게 벌을 가했다. 대개 헛된 소리를 하는 자는 노비로 배속하여 종신토록 나이를 따지지 않았다. 무릇 속이는 자에게는 항상 바른 법으로 다스렸다. 간사한 풍속은 도덕을 기울게 하며 원래 형질을 망하게 하는데, 의리의 나라에서 이를 용납하겠는가.

국가가 발전하는 것은 참되고 바르게 하기 때문이다. 그러므로 무너지는 자는 궤변을 늘어놓는다. 궤변과 거짓을 좋아하는 사람은 노비나 되는 것이 마땅하지 않은가? 그렇기 때문에 참다운 학문에 뜻을 둔 자는 반드시 모든 삿된 말과 삿된 감정을 삼가고 피하기를 물과 불을 대하듯 했다. 그리고 바르지 않은 것인데도 거짓으로 진실인 양 위장하는 것을 경계하였다. 이는 곧 잘못된 가식이라면 미미한 그림자까지도 감히 소홀히 할 수 없다는 것이다. 눈이 맑고 밝은 자는 빛을 좋아하고 어두운 것을 피하지만 병이 든 사람은 반대로 어둠을 좇고 빛을 피한다.

罷辣多氏禁工人無得造贋物, 犯者罰正値, 利濟亞國古俗于是尤加嚴焉. 凡虛誕者, 配爲奴婢, 終身不齒嗟. 夫僞者常骫正法, 奸善俗傾道德敗元質, 可容於義理之國乎. 國家所以長盛者眞正焉. 所以顚覆者詭誕焉. 好誕作者奴之, 不亦宜乎. 是以志于眞學者, 必謹避諸訛言邪情, 如火水也. 又非直戒于僞訛之實, 卽假訛之微影, 亦不敢忽焉. 目淸明者好光避暗, 病者反從暗而避光.

2.8

예전에 아르켈로아스(Archarloas, 亞日洗, ?-?)라는 현인에게 누군가 청하여 말하기를, "이곳에 재주가 뛰어난 사람이 있었는데, 그가 그린 눈썹은 실제와 매우 흡사해서 새들이 새의 눈썹으로 여겨 지저귀었다"고 했다. 그의 현명함을 시험하던 슈와르츠(Schwarz, 哂而辭, ?-?)는 이렇게 말하였다. "나도 눈썹 그림을 보고 새가 진짜로 착각해서 지저귀었다는 이야기를 여러 번 듣긴 했지만, 그런 허황된 말이 무슨 소용이 있겠는가. 처음에는 나도 그 거짓된 말이 기쁘게만 들렸지만, 다행히 그것은 사람을 속인 말일 뿐이다."

거짓된 감정, 거짓된 말이 점차 진심으로 들어오면 얼마 지나지 않아 나 역시 곧 그 감정과 말이 참인 듯 빠지게 된다. 이른바 진실한 사람은 참을 기르고 거짓된 자는 거짓을 기른다. 만일 어린아이가 배우는 데 허황된 말에 놀아나는 것을 보고 생을 마칠 때까지 그렇게 되지 않도록 말려 바로 잡지 못한다면, 이는 조심하고 조심할 바이다.

亞日洗老古之賢者, 或請曰, 此有巧人, 假畵眉鳥聲絶似. 盍試之賢哂而辭曰, 吾向屢聞眞畵眉鳥聲, 玆聞其假者何益乎. 初喜假鳥之音恐進, 而喜夫假人之言也. 僞情僞言漸入乎衷, 未幾吾亦將肆于若情若言矣. 所謂眞者養眞, 僞者養僞, 倘幼學者恣於詭誕, 每至終身莫挽, 愼之哉愼之哉.

3 학문의 수학[16]

3.1 무릇 사람은 아는 것을 인도(人道)의 시작으로 삼고, 행하는 것을 인도의 끝으로 삼아야 한다. 나면서 인도를 아는 자는 드물다. 그렇기 때문에 아는 데 뜻을 둔 자는 반드시 배움으로부터 말미암아야 한다. 이런 말이 있다. "재물은 열심히 노력해야 모이게 되듯 아는 것은 힘써 노력해야 앎에 이르게 된다. 일찍이 배우기를 좋아하는 사람은 어릴 때부터 마음에 배움을 향하여 묻고 토론하기를 좋아한다. 그러나 앞서 나아가려다 부끄럽게도 멈추게 되면 알고자 하는 욕구와 배우는 데 힘써 노력하는 두 가지를 병행해야 진전이 있음을 알게 된다. 노년기에 이르면 심신이 쇠약해지는 것을 모른다. 이는 마치 재물을 쌓아 둔 자가 그 재물이 많을수록 더 많은 재물을 축적하려고 욕심을 부리는 것이 끝이 없는 것과 같다."

솔론(Solon, 束鸞氏)[17]은 상고시대 칠현 가운데 한 분으로 젊어서부터 팔순이 되기까지 배우는 데 나태하지 않았다고 하면서 말하기를 "노인은 하루하루 시간은 지나갈지라도 다행스러운 일은 마음에 배움을 놓지 않는 것이다. 앞으로 죽음에 이를지라도 사람들이 인간의 성품의 이치에 대해 논하는 것을 듣게 되면 머리 들어 경청해야 한다" 하였다.

夫人以知爲人道之始, 以行爲人道之終, 生知者鮮, 故志于知者, 必由學矣. 語曰, 財以勞聚, 知以困致, 嘗觀好學者, 自童幼時, 心向學好問辨爭, 先進耻止後, 其知之欲與學之困併長齊進, 至于壯老不知衰息, 則譬之于蓄財者, 財愈豊而欲愈盛, 無所止限也. 東鸞氏上古七名賢之一, 至八旬未嘗少怠于學曰, 老者旣幸加日于生, 亦無不可加學于心, 將就木忽聞人論性中之理, 遂昂首傾耳聽焉.

3.2

이를 매우 이상하게 여긴 한 어진 사람이 말하기를 "이런 이치를 배운 다음에 세상을 떠나도 될 것이다. 이렇게 보면 학업이나 인간의 육신이나 시작하고 끝나는 것이 뗄 수 없는 관계에 있음을 알 수 있다. 그러나 배워 알고자 하면 반드시 배움에 따르는 고통을 사양하지 말아야 한다"고 하였다. 경전에 이르기를 "앎을 더하는 것은 수고로움 또한 더하는 것이다. 대개 날 때의 인성은 선조의 영향을 받아 이치에 어둡지 않으나 그 힘은 나약하다. 스스로 몽매함을 깨달아 더욱 밝고자 한다면 알아야 할 바를 마땅히 알아야 한다. 또한 약자를 도와 힘을 배가하고자 한다면 마땅히 행하는 바를 즐거워해야 한다" 하였다. 그러므로 인간의 성품은 항상 배움을 향한 마음을 가지고 이에 따르는 고통을 달게 여기면서 그 마음을 멈추지 않아야 한다.

或大異之賢曰, 學此理, 然後可去世矣. 可見學之業與人身終始, 須臾不可離也. 然旣欲學而知, 必不可辭學之苦. 經云, 加知者亦加勞矣. 蓋生人性元被先祖之染累, 無不昏于理而懦于力, 乃己無不欲加明以開其蒙, 而知其所當知, 又無不欲加力以助其弱, 而遊其所當行. 故人性從始生恒向學, 而甘苦至終不已也.

3.3 가까운 것만 보이는 근시자는 안경이 있어야 멀리 볼 수 있고, 절름발이와 앉은뱅이는 의지할 장대가 있어야 먼 길을 갈 수 있다. 문학은 마음의 거울이자 마음이 움직일 때 발이 되어 주는 장대이다.

항해란 별과 해를 살피며 나침판을 보고 가는 것이다. 그렇지 않으면 바다를 건널 수 없다. 성품의 바탕이 몽매하고 미약한 자는 다음과 같은 것을 통제하지 않을 수 없다. 즉, 마땅히 알아야 하는 지식이라면 비록 멀리 동떨어진 이치라도 온 힘을 다해

궁구해야 하고, 마땅히 행해야 하는 도가 멀리 떨어진 길일지라도 이겨내야 한다. 뱃사람이 별과 해를 살피며 나침판을 보지 않으면 바다를 건널 수 없듯이, 세상의 험난한 바다를 건너자면 배움에 의한 안내를 받지 않고서는 전복을 면할 수 없다.

어린이의 배움에 있어 그 근본은 인이 되고 효로써 이를 굳건히 하며 인내로써 성취하고 지혜로 나아가야 한다. 이 네 가지 요소는 경전이 아니고서는 갖출 수 없다. 대체로 고금의 아름다운 덕과 실다운 학문은 모두 책에 담겨 있어, 한번 보게 되면 얼마 지나지 않아 충분히 알 수 있다. 그러나 이도 어버이와 스승의 가르침을 본받는 것에는 미치지 못한다.

近視者需眼鏡, 乃可見遠像焉. 跛躃者需杖策, 乃可走長途焉. 文學者心目之鏡, 心足之杖也. 性地之蒙且弱者, 無不因之以致所當知之遠理, 以勝所當行之遠道矣. 航海者仰觀星日俯視盤針, 不則海不可渡也. 行當世之險海, 非經學之指引能免覆沒乎. 幼者之學根于仁, 進以孝堅以忍成以智, 四者非經典弗備焉. 盖古今之懿德實學具載于書, 一覽可知旋足, 效法親師之教所不及也.

3.4 무릇 어버이와 스승은 자신들이 밝게 알지 못하고 또한 베푸는 교육이 부족하지는 않은가 하고 돌아보며, 아이가 좋아하는 것 가운데 북치고 춤추게 하

는 것으로도 충분한지 긴장과 이완으로 온전하게 아이를 교육할 수 있는지 돌아본다. 경전의 가르침은 지극히 밝고 몽매하지 않으며, 지극히 실다워 허망하지 않고 올바르기에 삿됨이 없어 영원히 베풀어도 다함이 없다. 이를 따르는 자가 이익을 보지 않은 이 있으리오. 그 밝은 지혜는 선을 행하는 많은 이들이 주창하는 바요, 모든 악을 막는 방패가 되며, 환난에 의지처가 되어 평생 안락한 집이 될 것이다. 주변의 모든 일들을 살펴보아도 모든 의심을 풀고 미치지 않는 것이 없으며 갖추지 않은 바 없다.

어린이가 세상의 도를 시작하는 데 문학을 빼놓고 어찌 인도하고 이끌 수 있겠는가? 노인은 해가 갈수록 지혜가 쌓여가고 어린이는 책을 통하여 그 지혜가 쌓여간다는 말이 있다. 여기서 해라는 시간과 책은 또한 크게 다르다. 대개 나이가 들수록 더욱 성숙하게 되고, 맑은 기운이 늘수록 더욱 외부 일로부터 물러나 거리를 두며, 안으로 깨달음이 함양될수록 정신이 점차 쇠미해질까 염려한다. 경전은 익히면 익힐수록 더욱 밝아지고 지혜가 더해진다.

夫親與師己或不明, 亦未足教誨, 或令反其好未足鼓舞, 或張而輒弛未足成全, 若經典之教, 至明無昧至實無虛, 至正無邪, 永施無盡, 從之者, 有不受益者乎. 其明智爲衆善之倡, 率諸惡之捍禦, 患難之倚賴, 平生之安宅, 視往察今周徧萬事解釋諸疑, 無所不到無所不備也. 童幼者始倖世道, 舍文學安所指引哉. 語云, 老者積其智以年, 幼者積其智以書, 夫年與書又大異焉. 盖年彌長, 淸氣彌退外司, 内覺彌昏賴之者, 恐智漸衰, 若經典則愈習愈明智愈加焉.

3.5 장차 여러 해 동안 지혜를 닦아 나가는 데, 다른 사람으로부터 지혜를 받아 축적해가는 것보다는 책과 함께 지혜를 배워 쌓는 것이 효과가 크다. 수년 동안 배워도 지자(知者)가 배운 바는 좁고 얇아 자신과 한 가정, 한 세대의 한계를 벗어나지 못한다. 그러나 책을 통해 배운 지식은 넓고 두터워 천지와 사방 그리고 오랜 시간에 걸쳐 축적된 것일 뿐만이 아니라, 배우면 배울수록 더욱 견고해진다. 그러므로 어린이를 가르치는 데 지혜가 있는 밝은 사람은 어린이로 하여금 일찍 문학을 배우도록 할 뿐 그 학업을 놓도록 하지는 않는다.

고대 서양에 유명한 왕에게 아들이 있었는데, 그는 알렉산더(Alexander, 歷山) 대왕이었다. 그가 아리스토텔레스(Aristoteles, 亞里斯多)에게 부왕으로부터 들은 바를 전하여 말하기를, "아리스토텔레스와 같은 스승과 위대한 현인이 있어 매우 다행이다. 아들아, 너는 배우는 데 게으름을 피우지 말라. 나는 예전에 배움을 다 이루지 못하고 정치에 들었더니 그 소임을 다하지 못했다. 이제 비로소 알렉산더 너를 국가의 중대한 통치에 임하게 하니, 부왕인 나를 교훈삼을 지어다" 하였다.

且年之智時, 所積也於人功無, 與而書之智學, 所積也其功大矣. 從年而知者, 其學狹薄, 不出一身一家一世之限, 從書而知者, 其學廣厚, 不啻六合萬世之內, 愈傳授, 愈大而堅矣. 故明道者, 教子早進于文學, 不使廢其業也. 古西明王有子曰, 歷山傳以亞里斯多命之曰, 爾師大賢幸, 甚勿懈于學, 吾昔未成學, 而聽政幾不勝任, 玆爾當國重統, 以吾爲戒可也.

3.6

세자가 왕의 명을 받아 어진 스승을 모시고 공부하는데 쌓아 놓은 수많은 책 중 읽지 않은 책이 없으며 연구하지 않은 사물과 이치가 없어 마침내는 학문을 크게 이루었다. 그는 불과 삼십 일도 지나지 않아(짧은 시간 안에) 정치를 잘하여 큰 나라를 맡는 군주가 되었다. 대략 정치에 임하여 나라의 안위와 도에 문학보다 더 좋은 지름길은 없다. 그러므로 플라톤(Platon, 罷辣多)은 일찍이 이렇게 말한 적이 있다. "국가에 다행스런 일은, 정치인들로 하여금 문학을 배우는 데 노력하도록 하는 것보다 더 중요한 일이 없고, 문학을 배우는 데 열심히 노력하는 사람으로 하여금 국정을 잡게 하는 것이다."

솔로몬(Solomon, 撒羅滿古, ?-?)[18]은 유대(Judea, 如德亞)국의 국왕으로 그는 어려서 홀로 학문을 익히지 않았다. 이내 정치에 뜻을 두고 삼가 천주께 밝은 지혜를 주소서 하고 기도로 구하자 천주께서 그 정성에 크게 기뻐하시고 그를 매우 사랑하여 고금에 수

많은 이치를 활연관통하게 하시며 훌륭한 법으로 큰 나라를 지도하는 인물이 되게 했다.

世子受王命侍賢師數載, 無書不讀, 無物不格, 無理不究, 竟得成其學, 未過三旬, 而以美治君數大邦矣. 盖面治國安邦道, 莫徑莫善于文學也. 故罷辣多嘗云, 國家之幸, 莫大乎使持政者, 務于文學, 或務于文學者, 持國政也. 撒羅滿古, 如德亞國王也, 穉而孤未習于學, 乃志于治, 則謹告天主, 祈求明智, 天主大喜其氣之誠, 卽寵之甚, 使豁然貫古今衆理, 而以美法總領大國焉.

3.7

서양의 앞선 시대에 사르곤(Sargon, Sharrum-kin, 洗日蒙篤, BC ?-705)[19]이라는 국왕이 있었다. 그는 평생 배우기를 좋아하여 배우려고 하는 선비들이 그에게 다가오면 예로서 그를 존중하고 중임을 부여하였다. 어떤 이가 이를 질투하여 왕에게 물었다. "여러 나라에서 찾아오는 사람들 중 비천한 이들이 많은데, 그들을 이렇게 중용하는 이유가 무엇입니까?" 그러자 왕이 대답하기를 "지식에 밝은 자들이 비천한 것만은 아니다. 이들은 세상의 모범이 된다. 천주께서 이들을 사랑하시어 그들의 사회적 품계를 넘어서게 하였다. 오히려 내가 천주의 은혜를 받지 못하고 왕의 지위를 받은 것은 아닌가?" 하였다.

누군가 아리스토텔레스(Aristoteles, 亞里斯弟)에게 "유명하면서 현명한 지자(智者)와 어리석은 자가 어떻게 다릅니까?" 하고 물으니, 그가 답하기를 "모든 차이점을 함께 비교해 보면 알 수 있다. 나는 그 두 부류의 사람이 함께 국정을 맡을 수 없다고 생각한다. 지자는 다른 나라 정치의 대소사에 대해 듣고 공경하고 숭앙하며 그를 믿고 따르지만, 어리석은 자는 이르는 곳마다 이를 돌아보지 않는다"고 하였다.

泰西前世有國王, 曰洗日蒙篤, 平生好學, 凡學士來者尊禮之, 重任之, 或妬以告曰, 諸國來者, 其人多卑陋, 王任之何若是重耶. 王曰, 明知者, 非卑陋, 乃世之正表也. 天主旣寵之, 使超越品庶, 吾能不寵任之乎, 或問于亞里斯弟名賢, 智者與愚何異, 答曰, 竝置諸異界, 則知之矣. 吾以爲竝任之國政, 必不可匿也. 智者至于他邦, 必聞其政大小敬仰而信從之, 若其愚者所至莫之顧矣.

3.8

서양의 책에 다음과 같은 말이 있다. "지자는 나면서부터 정치를 바르게 세우고 어리석은 자는 나면서부터 남의 부림을 받는 노역에 임한다." 또 옛 시에 이르기를 "지혜로운 자는 오직 홀로 존재하지만 그 다음 천주께서는 홀로 부귀영화와 아름다움을 수용하시니, 모든 왕 중의 왕이시다라고 한 것은 바로 이를 두고 한 말이다."

서양의 철학자 디오게네스(Diogenes of Sinope, 弟阿日搦)[20]는 한

아이가 부유한 환경임에도 어리석은 것을 보고서 꾸짖어 말하기를 "양에게 글로 장식을 하는가? 양은 가축 중에 가장 어리석게도 홀로 자기 털만을 탐한다. 그러므로 지자는 소시민 속에서 목동이 양을 치듯 살다 간다. 목동은 양과 같이 살다 가지만 민중 속에 있는 지자는 돌아갈 곳이 없다"고 하였다.

소크라테스(Socrates, 束格辣德)는 서양의 위대한 철학자로 일찍이 천주께 세 가지 은혜에 감사를 했다. "하나는 천주께서 나를 낳으사 성령을 부여하시어 짐승 가운데 던지지 않으심이요, 둘은 천주께서 나를 낳으사 남자로 태어나게 하시어 여자의 몸을 갖게 하지 않으심이요, 셋은 천주께서 나를 낳으사 학문을 배우는 나라에 두시어 우치한 야만인 가운데 던지지 않으심이다." 이 세 가지 은혜는 하늘이 주신 큰 은혜이자 날로 감사하고 삼가 공경해야 할 바이다.

西書曰, 智者生以立政, 愚者生以行役. 古詩云, 智者獨次天主, 獨富榮美, 爲諸王者之王, 此之謂也. 弟阿日搦遇童子富而愚, 譏曰, 飾文羊乎, 羊畜中之至愚, 獨利其毳耳. 故智者居于小民中, 如牧居羊中去, 牧者于羊去, 智者于民無所歸矣. 束格辣德 吾西大賢往往感謝天主之三恩, 一曰天主生我, 卽賦我以性靈, 不投于畜獸中, 二曰 天主生我卽, 賜我男位不投于女中, 三曰 天主生我, 置我于文學之邦, 不投于愚夷中, 三者以爲天恩之大而日謝之競競焉.

3.9

만약 학문을 배우는 나라에 태어났다 하더라도 학문을 익히지 않으면 이는 우치하고 비루한 야만인과 다름이 없다. 선지자께서 일찍이 말씀하시기를 "큰 인물이 되고자 한다면 기질과 배움 중에 어느 것이 중요한가라는 물음에 반드시 배움이 중요하다 해야 한다" 하였다. 좋은 기질이란 마치 밭이 기름져 자주 갈고 관리하는 수고를 들이지 않아도 풀이 풍성하게 자라는 것과 같다. 그러나 기질이 둔한 자는 배우는 데 많은 노력을 해야 마침내 성공을 보게 된다. 하지만 좋은 기질을 가지고 나왔어도 배움 없이 성공한 사람은 보지 못했다. 이렇기 때문에 옛 성인들이 훌륭한 기질을 가지고도 배우지 않는 자를 비유하기를 좋은 몸에 두 눈이 없는 것과 같고 세상에 세 가지 빛이 없는 것과 같아 보고(寶庫)에 들어가도 빛을 비춰 볼 수 없기에 아름다운 보물을 볼 수 없는 것이라 하였다.

若其得生于文學之邦, 而猶不習于文學者, 是則與愚陋之夷無異矣. 先智者嘗設論曰, 欲成大器, 質與學孰重, 則必以學爲重焉. 夫美質者, 如田之膏腴, 非恒修治之徒障豊草耳, 嘗觀質之鈍者, 多用學之功力, 竟得成全. 未見美質者, 不學而能成也. 是以古聖以美質不學, 譬之美軀之無兩目, 寰宇之無三光也, 使入寶庫, 而不用光照, 美寶不可見矣.

3.10 보고처럼 학문이라는 빛으로 비춰주지 않으면 인간의 좋은 기질이 어떻게 아름다울 수 있겠는가? 예전에 현인이 자기 딸을 시집보내려고 하자 친구가 이렇게 물었다. "어떤 사람이 부자이면서 귀한 사람에게 딸을 시집보내면 어떻겠는가?" 이에 현인이 "배우고자 하고 지혜로운가?"라고 되물었다. 친구가 그렇지 않다고 답하자, 현인은 이렇게 말하였다. "여기에 나귀가 있는데 글로 장식하여 아름답게 한들 나귀가 생각을 할 수는 없지 않은가. 하물며 시집을 보내는 것이야 어떠하겠는가."

황금은 다섯 가지 금속 가운데 가장 귀하고, 옥석은 보물 가운데 가장 귀하지만, 단련하고 갈지 않으면 좋은 가치를 얻을 수 없다. 기질이 좋은 사람이라도 글을 배워 닦고 다스리는 노력을 하지 않는다면 어떻게 귀하다 할 수 있는가. 어린이에게 학문을 배우도록 하고 싶은데 어떻게 해야 하는지 알고자 하면 다음 장에서 자세히 언급한 바를 참고하라.

夫人美質, 或若寶庫, 使無文學照之, 奚美之有, 古賢欲嫁其女, 友曰, 某富且貴, 可嫁乎, 賢問曰, 夫向學而智乎, 曰否, 賢曰, 今有驢于此, 雖文飾之美, 可莫之顧也. 况嫁之乎, 黃金爲五金之重, 玉石爲寶之貴, 但無鍛鍊琢磨之功, 不獲善價, 夫質之美者, 非得文學之脩治, 何足貴也. 欲知幼之文學, 當何如則, 詳辨之于左.

4 바른 책을 통한 교육

4.1

서양의 유명한 현인인 제논(Zenon, 責諾, BC 490?-430?)[21]이 "처음에 올바른 학문에 뜻을 두고 어떻게 해야 학문의 목적을 이룰 수 있습니까?" 하고 신에게 묻자, 신이 말하기를 "일정한 수준에 이른 사람과 많이 교류하면서 부지런히 그것을 본받아 실행하면 마침내 이룰 수 있다"고 하였다. 현인은 신의 뜻을 생각하면서 지냈는데, 가르침을 좇던 사람이 이미 죽은 고인임을 오랜 시간이 지나 알게 되었다. 옛 사람은 비록 죽었어도 그 책이 여전히 전해주는 바가 있어, 책과 부지런히 상호작용을 하고 그 법을 본받으라고 전해주는 것이 바로 신의 뜻이 아닌가 하였다.

예전에는 유명한 책을 구해서 늘 익히다 보면 마침내 위대한 현인이 되었다. 그러므로 책이란 곧 어린이가 배우는 데 가장 시급하게 배울 바이다. 그 전적을 놓아버리면 마치 깃털과 날개

없이 높이 날고자 하는 것과 같은데 어찌 이룰 수 있겠는가?

西國古之名賢曰, 責諾者, 初志于正學, 則問于神何由, 而成其學乎, 神曰, 多交于終者, 而勤法之可也. 賢思察神意, 良久知終者, 己死之古人也. 古人雖死, 其書尙在, 所云多交勤法, 意在是乎. 乃購古名書恒習之, 終成大賢焉, 故書乃幼學所最急, 學而舍典籍, 猶舍毛羽而欲高飛, 豈可得乎.

4.2 비록 마땅히 익혀야 하는 바른 책을 골랐다 할지라도 마땅히 피해야 하는 삿된 책은 버려야 한다. 책의 수는 한정이 없지만 올바른 책은 수가 한정되어 있다. 그런데 삿된 책이란 대부분 거짓들로 꾸며져 있어, 이런 내용들이 어린이의 눈을 유혹하여 저도 모르게 마음이 빠져들면 그 배움이 위태로워진다. 그러므로 바실(St. Basil the Great, 罷洗略, 330?-379)[22]이라는 위대한 성인이 비유하여 말하기를, "벌이 꿀을 만들기 위해서는 반드시 꽃을 선택해야 하는데 도움이 되지 않는 꽃에서는 꿀을 따지 않는다. 이처럼 어린이가 배우고자 하면 반드시 책을 읽어야 하는데 바르지 못한 책을 익히지 않도록 조심해야 한다. 어린이는 아직 세상을 두루 섭렵하지 않아 선악을 분별하고 이해(利害)를 가릴 수 없다. 따라서 어린이는 혼자 첫눈에 비친 책을 모방하며, 이렇게 익혀서 성품이 이루어진다"고 하였다.

옛 사람이 말하기를 "항상 음란한 책을 읽으면 그 마음이 정결해질 수 없고, 항상 깨끗한 책을 읽으면 그 마음이 방자하고 거만해지지 않는다"고 하였다. 이 때문에 서양 고대의 유명한 학자인 플라톤(Platon, 罷辣多)은 국가를 다스리는 묘술은 올바른 책을 저술하는 데 있으므로, 그런 책에 대해서는 후하게 보상을 해주는 대신 바르지 않은 저서의 저술에 대해서는 엄벌을 했다.

雖然, 惟擇其所當習之正者, 而寘其所當避之邪者. 盖著書無限, 而正者有數, 乃邪書多假文飾, 招幼目, 竊入乎心, 而傾危其學矣. 故罷洗略大聖譬曰, 蜂求釀蜜, 必擇于花, 其無益者弗垛也. 幼面聚學, 必謹于書, 其非正者弗習也. 盖幼者未嘗涉世, 未能辨善惡, 擇利害, 獨于初所見書, 已爲倣效焉. 是于習若性成矣. 古之人有言, 常讀淫書, 其心未能貞潔, 常讀潔書 其心未能恣侈, 信也. 是故古學名宗, 罷辣多, 治國妙術, 凡著述正道之書, 必重酬之, 著述非道之書 必嚴罰之.

4.3

국가에 좋은 책보다 더 도움이 되는 것이 없으나, 반대로 국가에 해로운 것 또한 삿된 책보다 더한 것이 없다. 국가가 혼란에 빠지면 좋은 책에 이를 다스리는 바른 방법이 담겨 있어 국가가 그 방법을 얻게 되므로, 좋은 책이 보존되어야 하는 제도가 필요한 까닭이 여기에 있다.

그러므로 예로부터 바른 책이란 도덕의 장이요, 의리의 보고이며 성현의 귀감이자, 세상을 건지는 나침판이요, 순풍이 부는 길거리의 가게이자, 환난의 약이 되는 유익한 말씀이라고 했다.

예전에 이집트의 유명한 교사였던 토모세(Thomose, 德默氏)는 국왕인 투트모세(Thutmose III, 篤助某, BC ?-1426)[23]에게 가르침을 베풀면서 말하기를 "큰 나라에 보배는 좋은 서적만 못하고 좋은 서적을 쌓아두는 것은 그 책을 가지고 은밀하게 전하여 오래가는 것만 못하다"고 했다.

蓋以有益于國家者, 莫如善書, 而反害于國家者, 莫如邪書也. 國家遭亂, 則善書具其所以治之美法, 國家得道, 則善書備其所以存之制度也. 故從古謂正書者, 道德之場也, 義理之庫也. 聖賢之鑑也, 度世之指南也, 淳風之市肆也, 患難之藥石也. 古名師德默氏, 設訓于國之王篤助謀曰, 大國之寶, 不如美書, 籍美書不如持之密, 而專之久也.

4.4

어느날 국왕의 몸에 문제가 생겼는데 충성스러운 신하도 이를 잘 알지 못하거나 알아도 감히 왕에게 간언을 하지 못하였다. 설사 간언을 해도 직접 하거나 은밀하게 하지 못했다. 만약 바른 책이라면 왕이 화내는 것을 꺼리지 않으며 왕의 은총이나 지위, 보수 등을 생각하지 않고 시간에 구애받지 않은 채 바로 진언했을 것이다. 왕이 간언을 듣기 싫어하여 갑작스레 입을 다물라 명했어도 다시 고하면 그 말이 바로 좋은 책이다. 선비와 인간의 엄한 스승이 따로 존재하는 것은 아니다. 좋은 책을 국가의 울타리로 삼으면 되는 것이다. 그러므로 나라에 중요한 책이 없으면 위급한 상황에서 패배를 모면할 수 없다.

유대(Judea, 如德亞) 나라는 예전에 도가 밝은 나라로, 천주의 성스러운 가르침을 받들고 다행히 경전을 깨달아 바르게 전할 무렵 적국이 처들어오려고 모략했으나 성공할 수 없었다. 그러나 후세 경전을 연구하는 학문이 점차 쇠하자 국가가 드디어 기울어지고 전복되는 것을 보게 되었다.

國王身有病(過), 而臣之忠者, 或不及知, 或不敢諫, 或諫不直不密, 若書之正者, 不忌王怒不圖王寵, 爵祿不干, 而時刻直陳其善, 王忽厭而命之, 黙則黙, 命之復言, 則言是善書, 非特爲士人之嚴師, 尚爲國家之藩屛. 故重書者厥國, 不能危敗焉. 如德亞古爲道明之邦, 奉天主聖教, 幸領經典, 正傳時, 敵國謀之, 未能加害, 但後世經典之學漸衰, 而國家遂見傾覆矣.

4.5 어린이가 바른 책으로 배우는 것은 더욱 중요하다. 불행하게도 바르지 못한 책을 접하게 되면 이루 말로 할 수 없는 피해가 많다. 음란한 소리, 사술하는 사람들이 도를 욕보이는 것 등 부정한 책이 무지한 어린이의 눈에 띄면 그것을 좋아하게 되고 자신도 모르게 올바르게 배우는 것을 끊어 버리게 된다.

플라톤은 일찍이 삿된 서적의 피해를 비유컨대 "독이 있는 샘물이 여러 사람에게 흘러들어가 그들을 죽게 하는 것과 같다"고 했다. 이렇기 때문에 서양의 여러 나라에서는 예로부터 책을 저술하는 것을 매우 엄하게 하여 감히 소홀히 하지 않았다. 국가 법률로 항상 그런 일을 전담하는 기구를 두어 부정한 자에 대해서는 그 책이 유행하지 않도록 금하고 오직 바른 책만이 저술 반포되도록 했다. 바른 책은 궁중에 장서로 간직하게 하여 마치 보물이나 보약처럼 여겼으며, 어려운 일이 있을 때나 급하게 병을 치료할 때 항상 책의 내용을 취하여 마음을 가다듬고 가지런히 하여 간사하고 사치한 것을 단속하였다.

至童幼之學正書, 尤要, 不幸遇書之不正者, 其害多不勝言, 盖淫聲邪術, 人所耻道者, 不正之書, 往往有之, 無知之幼, 目擊而心喜之, 不覺絶寘正學矣. 罷辣多嘗於邪書之害, 譬之毒泉流行, 推萬民而斃之. 是故吾西諸國, 從古甚嚴於著書, 不敢忽也. 國律常設公司任, 以較書之職, 其不正者, 禁不使行, 惟正者, 令著述頒行焉. 於戱正道之書, 藏於宮中, 如寶庫, 如藥石, 事難常取於周急, 而療病事順常取以攝心權, 而約邪侈也.

4.6

투트모세(Thutmose III, 篤助某)는 이집트(Egypt, 厄日多)의 이름난 왕으로, 어려서부터 훌륭한 스승을 받들어 수많은 금화를 들여 천하에 알려진 책을 구입하였다. 주변 국가에서 보관된 장서를 보러 오자 왕이 장서가 있는 곳으로 인도하면서 말하기를, "이들은 나의 장서일 뿐이요, 내가 가장 진귀하고 특이하게 여기는 것들로 쌓아둔 재물일 뿐이요. 하루라도 이곳을 떠나서는 즐거움이 없다"고 하였다.

예전에 우리 고향에 한 명장이 난세를 당하여 군사를 거느리고 국가를 정벌하고자 하였다. 장수들과 사람들이 모두 재물을 약탈하고 있을 때 그는 홀로 옛 성현의 책들을 거두면서 말하기를, "이는 우리 자손이 중하게 여길 보물이다. 자손을 위해 재물을 쌓아 두는 것이 어찌 책을 쌓아 두는 것만 하겠는가. 재물이 많으면 사람들이 욕심을 부려 피해가 심해지지만 바른 책이란 욕심을 가지런히 하고 사치한 마음을 억제하여 재물을 얻는 데도 도움이 되기에 배움을 양성케 하는 것이다. 무릇 인간의 수명은 짧아 스스로 쌓아 둔 학문이 널리 성공을 거둘 수 없지만, 바른 책이란 지나간 시간의 실다운 학문을 모두 갖추고 있으므로 우리로 하여금 한번 보면 널리 이롭게 한다"고 하였다.

篤助某古厄日多名王, 自幼承賢師, 以善誘以數萬金, 購天下名書, 隣國來朝, 求觀其寶藏, 王引諸藏書之室, 曰, 斯吾寶藏耳, 吾所最珍異, 所積財賄惟斯焉. 耳倘一日離此, 不樂矣. 往敝鄉有名將, 遇世難, 率師伐國戎事, 畢師衆皆趍掠貲貨, 己獨收諸古聖賢之書藏之曰, 是乃吾子孫之重寶也. 爲子積財, 奚如積書乎, 彼財多令人恣慾而害深, 正書者, 攝慾抑侈益財而養學也. 夫人命夭短自所積學, 未能廣且成, 乃正書者, 備諸往世之實學, 使我一覽輒廣益焉.

4.7

사람의 성품은 먼저 스스로 악한 것을 쌓아가는 것에 길들여지게 되면 넓고 깊이가 있을 수 없다. 모든 불초한 악행을 담고 있는 삿된 서적은 우리가 한번 보아 익히면 물이 들게 된다. 그래서 옛 성인들이 약방에서 질병을 다스리는 것보다 훌륭한 책으로 각기 질병 치유에 활용하도록 한 까닭이 여기에 있다. 질병이 있는 곳에 둔 삿된 서적은 역병을 다스리는 방에 두어 사람들이 악하고 삿된 것에 물들지 않게 했다.

서양의 어떤 선비가 이렇게 말한 적이 있다. “이나시오(Ignatius Loyola, 意納爵, 1491-1556)[24]는 초기에는 용맹스러운 것만을 좋아하여 실다운 학문을 익히지 않았다. 그러던 중 갑작스레 발을 다치게 되어 침대에서 독서를 하게 되었는데, 마침 그 방에 성인이 저술한 책 하나가 있었다. 이 책을 집어들어 읽은 뒤 그는 비로소 독서의 맛을 알게 되었고, 책을 읽는 것을 놓지 않은 다음 마침내 도에 밝은 스승이 되었다."

人性先馴, 自所積惡, 未能廣且深, 乃邪書者具諸不肖之惡行, 使我一覽輒習染焉. 古之聖人, 比善書于藥室, 諸疾病, 各得其所以治之則也. 比邪書於疫室, 人往無不沾其惡邪也. 西士有士曰, 意納爵, 初好勇(其初武人也)未習實學忽傷足而寢, 以讀書排遣, 時室中, 有聖人之書一種, 卽執而讀始嘗其味, 卽讀之不舍, 後遂成明道之師焉.

4.8 또 서양의 서남부에도 뛰어난 인물이 있었는데, 그의 이름은 어거스틴(St. Augustine, 奧悟斯丁, 354-430)[25]이었다. 그는 어려서 불행하게도 삿된 스승의 문하에서 들어가 배우면서 이단의 삿된 서적에 빠졌다. 그러나 마음이 끝내 불안해 바른 길로 돌아가고자 했으나 마땅히 가야 하는 길을 찾지 못하고 있었다. 이때 바오로(St. Paul, 保祿)[26]라는 유명한 성현의 책을 얻어 통달하자 마침내 잠자리에서 갑자기 깬 것처럼 본인이 미혹한 길로 접어들었음을 깨닫게 되었고, 이단으로부터 벗어나 결국은 성역으로 들게 되었다.

역사적으로 살펴보면 예나 지금이나 유명한 수도자와 군자가 좋은 책을 좇지 않은 경우는 없었다. 천하의 사술과 그릇된 도는 삿된 서적을 좇아 전해지지 않은 적이 없다. 그러므로 서양에서 대개 밝은 수도에 뜻을 둔 사람이라면 비록 짧은 시간이 나더라도 좋은 책을 가지고 그 의미를 음미해 본다. 올바르지 못한 책이라면 비록 고준한 글로 꾸며져 있더라도 지혜롭지 못한 것을 발견하게 된다.

西南又有俊士名曰, 奧悟斯丁, 幼時不幸習于邪師之門, 而溺於異端之邪書, 但心終不安定欲歸正, 未及見所當由之路, 倏得保祿名聖宗徒之書, 遂如寢乍醒, 乃從指迷之經去異端, 而竟入聖域矣, 歷察古今名修君子, 無不從善書而立. 天下之邪術左道, 無不從邪書而傳也. 是以吾泰西, 凡圖功於明修, 但遇小隙, 則持美書, 而玩味若諸邪書, 雖飾以高文, 不肯視也.

4.9

대개 인간은 마음에 아름다운 글을 얻으면 먼저 그 글을 기뻐하고 다음에 감정이 기뻐하며 마침내는 가르침을 좇는다. 그러나 아름다운 글로 쓰인 삿된 서적은 바로잡기 어렵다. 이런 서적은 마치 짐새의 독을 옥에 뚫어 넣어 아이에게 먹이는 것과 같다.

알렉산더(Alexandros, 歷山) 대왕은 어려서부터 옛 시를 익혔으나 그 깊은 뜻은 알지 못했다. 부왕인 필리포스(Philippos, 斐理伯) 왕이 “서재에 있는 책이 적지 않은데 유독 어떤 시만을 놓지 않고 읽는 이유는 무엇인가?” 하고 물었다. 그러자 알렉산더는 답하기를 “여러 가지 책이 많이 있지만 모두 요긴한 길을 일려주는 것은 아닙니다. 천하고 비루한 데 빠지게 하는 책도 있습니다. 그리하여 단지 그 시만 익혀도 제가 바른 길에 들 수 있습니다” 하였다.

盖人心得文之美者, 先喜其文, 次喜其情, 終從其敎, 而難改是美文之邪書, 若注鴆于玉瓚而獻之, 其可食哉. 歷山王從幼習于古試, 未嘗見寘, 其父斐理伯問曰齋中書不少, 汝惟讀某詩不舍何也. 歷山對曰, 諸書多非要道, 或溺于賤陋, 而惟斯詩乃進我于正道也.

4.10 아아, 안타깝구나. 이제 보니 어리석은 사람은 대부분이 사사로운 애정은 감추고 어린이의 음식, 의복에 대해서는 엄하게 한다. 책을 익히기 시작할 때 삿된 것과 바른 것에 조심하지 않으면서 왜 몸에 해로운 것만 꺼리고 도리어 그 정신의 해로움은 꺼리지 않는가. 이는 방에서 우연히 이무기를 만나면 놀라 달아나면서 독이 있는 책을 보고서는 놀라지 않는 것과 같다. 어린이가 삿된 곳으로 떨어져 있는 것을 보고 뉘우치고 한탄하면서도 소장한 나쁜 책이 모든 악의 발단이 된 것은 모르니 애석하다.

噫嘻, 今視之愚, 多蔽私愛, 嚴于小兒之飮食衣服, 而于其所始習之書, 邪正不謹, 則何獨忌其身之害, 而反不忌其神之害耶. 室中偶遇蟒蛇, 卽驚而遂之, 乃或藏毒書而不驚乎, 或見其幼子落于邪, 未有不悔恨者, 而不識其所藏之惡書, 爲諸惡之端也, 惜哉.

5 서구의 교육

이 원고는 십칠 년 전에 탈고[27]했으나 미흡한 부분이 있었다. 요목(実木) 동지가 이를 보완하여 머지않아 작업이 거의 끝날 것이다. 이에 원고를 대략 가감하여 인쇄에 부친다. 이렇게 하여 책은 이미 출간되었지만 부득이 원고만을 보내 마침내 그 원고에 비춰 함께 간행한 것이다.

此稿脫于十七年前, 未及実木同志見, 而不迂業己, 約略加減刻行矣, 玆全冊旣出不得獨遺此, 爲遂照原稿併刻之.

5.1

어떤 사람이 "글을 배우는 것은 이미 국가가 해야 하는 시급한 과업인데 어린이에게 중요한 학업은 어떻게 해야 합니까?"라고 물어 나는 이렇게 답하였다. "국가에 도가 있다면 반드시 배움도 있어야 한다. 그러나 배우는 순서는 피차간에 같지 않을 수 있다. 내가 서양의 학문에 대하여 그 내용을 설명하고자 한다. 만일 수용할 내용이 있어 중국의 학문에 도움이 되었으면 한다."

어린이가 깨닫기 시작하면 글을 배우게 된다. 대개 언어는 인간이 다른 동물과 구별되는 이유이다. 인간이 사물을 접하면서 배우기 시작하여 글을 배워나가는 것이 당연하다. 그런데 서양의 문과(수사학)는 모두 다섯 가지[28]로 이루어져 있다. 첫째, 사물과 인간의 시간에 따른 형세를 연구하고 당연히 갖추어야 할 언어의 원리를 생각함으로써 그 아름다운 뜻을 드러내 밝히는 것이다. 그 다음 둘째, 선후의 귀함과 선후 질서를 탐구한다. 예를 들면 지혜로운 장수가 대오를 지어 갈 때 절제 있고 용감한 자는 대오의 전후방에 배치하지만, 겁쟁이는 가운데 두는 것과 같다. 셋째, 고어를 아름다운 언어로 윤색하고 꾸미며, 그런 다음 넷째, 의론을 하고 익혀 암기하여 마음에 담아 둔다. 마침내 다섯째, 학교에서 모든 지자(智者) 앞에서 이를 변론한다. 이 다섯 가지 중에서도 반드시 실제 활용되는 것을 귀하게 여긴다.

或問文學旣爲國家之急務, 童幼之要業, 當如何, 則可, 余曰, 國有道, 必有學焉, 但學之序彼此不同, 吾將陳西學之節, 或有所取而助中國之學(大明之學)乎. 小童開蒙之後, 遂習于文. 盖言者, 人所以別于獸. 而交接于物, 則始學無不宜修文者. 然泰西之文, 總歸于五而成, 先究事物人時之勢, 而思具所當言之道理, 以發明其美意焉. 次貴乎先後, 布置有序, 如帥之智者, 節制行伍, 勇者置于軍之前後, 而懦者屯之于中, 次以古語美言潤飾之, 次以所成議論, 嫺習成誦, 黙識心胸, 終至于公堂, 或諸智者之前, 辨訟(誦)之, 此五者之中, 必貴實理而致于用焉.

5.2

왜 사람들은 글을 익혀 배운 다음에 이를 많은 사람 앞에서 표현하게 하는가. 관리들이 결정하기 어려운 일을 당하거나, 일반 백성이 비루한 일을 익히고 삿된 풍속에 빠지거나, 어진 사람이 비리의 송사에 임하거나, 또 성현의 공덕을 찬송하거나, 불초한 악습을 탄핵하거나, 국가의 재난을 막고 혼란의 싹을 미연에 없애려고 하는 경우 글을 아는 선비들은 대중 앞에서 바른 논리를 세우고 높은 지위에서 사리를 분석하여 해석하였다. 그럼으로써 의혹을 모두 풀어 억울한 자는 원한을 풀게 하고 속인 자는 바르게 처리하며 흉한 자는 주살하게 한다. 인간으로서 해야 할 도리를 닦고 교육을 하는 것은 약자에게 그 내용을 보여주어 뜻을 세우도록 하는 반면, 미친 자에게는 힘들고 어려움을 맛보게 하여 앞으로 더욱 조심하게 한다. 그리고 이미 지난 시대의 정치제도를 서술하는 것은 모든 군자로 하여금 올바른 명예를 구하게 하고 소인에게는 그 잘못을 꾸짖어 탄핵함으로써 앞으로 그런 일을 하지 않도록 하기 위해서이다.

豈徒具其文而苟吐散于空中乎, 或衿紳遇事難決者, 或民習于陋業, 而沈于邪俗, 或賢者罹于非理之訟, 或當讚頌聖賢之功德, 或訊彈不肖之惡習, 或防國家之災, 而滅將萌之亂, 于是知文之士具正論于衆前, 從高座剖析事理, 使疑盡釋, 枉者伸, 詐者服, 兇者伏誅, 及以修道設教, 使弱者見易而立志, 狂者見難而加謹, 或述已往之政制, 使諸君子得其正譽, 而小人憚其譏彈也.

5.3

문학[29]을 다 배워 마친 후에 사람들이 배우는 분야는 세 분야로 나뉘며, 각자 자신의 뜻에 따라 해당 학문 분야를 탐구한다. 세부전공 분야로는 법률학, 의학, 격물궁리학(철학) 등을 수학한다. 이 세 분야의 학문은 바로 서양 학문의 큰 단서가 된다.

그중 한 분야인 법률학은 본래 호대하고 박학할 뿐만 아니라 중요하여 소홀히 할 수 없는 분야이다. 대개 모든 법전은 천주의 명에 의하여 바른 이치를 연구하기 시작하여 성현의 가르침에 따라 평등하게 정치를 베풀고 실행하는 것이다. 선지자들은 일찍이 이 법학을 일러 말하기를 "법학은 곧 천주의 소리요 세계의 신이자 국가의 근간이요, 도덕의 으뜸이자 송사의 관장이며, 오륜의 축이자 비속하고 문란함을 처벌하는 것과 관련이 있다. 이 법도를 세상과 하늘에서 하루라도 없앤다면 이는 육체에서 정신을 제거하는 것과 다르지 않다"고 하였다.

> 文學畢則衆學者分于三家, 而各行其志矣. 或從法律之學, 或從醫學, 或從格物窮理之學焉. 三家者乃西學之大端也. 其一家若法律之學, 本浩博且重, 不可忽也. 盖諸法典, 自天主之命, 始質正理而立據聖賢而施, 志于均治而行, 先知者嘗謂法度曰, 乃天主之聲也. 寰宇之神也, 國家之筋也, 道德之甲也, 訟獄之司也, 五倫之紐也, 雅俗淆亂之斧也, 則廢法度于世, 與廢日于天, 去神于身無異.

5.4 모든 학문 가운데 어찌 법학을 전문적으로 담당하여 연구하지 않고서 자국의 정치 발전을 도모하고 떨칠 수 있겠는가. 국가의 정치를 담당하면서 국가의 법률에 관한 학문을 탐구하지 않는 것은, 비유컨대 날개가 없이 날려고 하거나 무기가 없이 싸우려고 하는 것과 같다.

고대 서양의 국가들에서는 법학을 익히지 않은 관리가 국민의 정치에 관여하거나 소송의 어려움에 직면하여 스스로 해결하지 못하면 곧 주변 관리들에게 부탁하여 처리하였다. 이때 어진 사람이 지나가면서 이를 보고 웃으면서 말했다. "오호라, 관리가 된 자는 바로 질서를 관장하는 사람이다. 비방하는 사람들의 소리가 밖으로 나오지 않게 해야 한다. 만일 관리들이 하는 말이 옳고 다른 사람들 말도 옳으며 반대로 관리가 하는 말도 맞지 않고 다른 사람들 말도 맞지 않는다면 하급관리가 고위관리가 될 수 없는 것이고 고위관리가 하위관리가 될 수 없는 것과 같다."

諸實學之中, 豈不當有專務公法之學, 計振本國之政者乎. 凡圖秉國敷治, 而不修國度之學, 比于無翼而欲飛, 無戈而欲戰, 可乎. 古西國有士, 未習于法學, 臨民攝政, 偶遇訟事之難, 卽不敢自決, 乃托左右之吏處焉. 時有賢者過, 而笑之曰, 嗚呼, 夫仕者, 乃管籥焉, 非旁人吹之, 必不出聲也. 吏是彼是, 吏非彼非, 不如吏爲官, 官爲吏焉.

5.5 이렇기 때문에 우리 서양의 여러 국가들은 항상 법도에 맞는 법원(公堂)을 설치하고 자주 고명한 인사들의 말씀을 받들어 올바르게 전하게 했으며, 정치인들로 하여금 육전을 설치해 둔 지가 오래 되었다. 그 육전을 공부하다 마침내는 엄격한 시험을 거쳐 자격을 취득하면 정치를 좇아 할 수 있었다.

두 번째 분야는 질병을 치유하고 수명을 다스리는 학문이다(의학). 대개 세상 사람들이 중요하게 여기는 것은 수명보다 더한 것이 없고 사람들이 꺼리는 것 중에서 수명을 해치는 병보다 심한 것이 없다. 병의 생명은 끝이 없어 질병을 치유하는 신약과 바른 처방이 꼭 있는 것은 아니다. 모든 질병에는 원인이 있으므로 여러 가지 질병에 대하여 힘들여 어렵게 연구하는 유능한 의사가 없다면 어떻게 병든 사람으로 하여금 기사회생케 할 수 있겠는가.

以故吾泰西諸國, 常立法度之公堂, 時時奉數高士以設其正傳, 俾凡欲從政者, 六載之久遊其學, 至于六載, 終方應嚴試, 而惟取其可以從政者也. 其二家謂之修疾治命之學. 盖世人所重者, 莫甚乎命, 所忌者莫甚乎害命之病, 病之命無算, 療病之神藥正方無幾, 諸疾所由之, 故難究, 非得博學之醫士, 安能起死而回生也.

5.6

밭을 다스리고자 하면 농업 분야의 전문가에게 묻고, 집을 짓고자 하면 건축 분야의 전문가에 묻는데, 생명의 중요함은 더욱 조심하지 않을 수 있으리오. 오직 처방과 제약에 따라 질병을 치유해야지 막연한 것을 따라 믿으면 되겠는가. 속담에 이르기를 "인심을 헤치는 것은 삿된 풍속보다 더한 것이 없으며, 사람의 몸을 헤하는 것은 삿된 약보다 더 심한 것이 없으며, 병을 학대하는 것은 어리석은 의사가 많은 사람을 죽이는 것보다 심하지 않다"고 했다. 병이 중하면 열 사람 가운데 한두 명은 죽게 되고 의사가 어리석으면 열 사람 가운데 칠팔 명이 상해를 입게 된다.

우리 서양에는 오래전부터 의학을 배우고 가르치는 교육기관을 두었다. 모든 의학 분야의 명사들이 옛 의학에서 남겨둔 경전을 해석하고 인성의 본원을 발견하여 규명하며 밖으로 인체의 여러 가지 특징을 구별해 내고 안으로 장기의 모든 상황을 검증하며 만병의 원인을 밝혀 그에 맞는 약 처방을 했다. 의과대학에서는 대략 육 년 동안 스승이 학생을 가르치는데 진맥법, 치료법 등을 수학한 다음 엄격한 시험을 거쳐야 했다. 그런데 만일 시험관의 명을 따르지 않으면 의료행위를 할 수 없게 했다.

欲治田, 問良農, 欲考室, 問良工, 而于生命之重, 獨不加謹, 乃惟所立方製藥, 遽妄信從乎, 諺曰, 賊人心莫甚邪俗, 賊人身莫甚邪藥, 病之虐, 不如醫之愚, 多殺人也. 病之重十死一二, 醫之愚, 十死七八, 傷哉. 故吾泰西古俗, 有醫之公學, 諸名士 釋古醫之遺經, 發明人性之本原, 辨外體百肢之殊, 内臟諸情之驗, 及其萬病之所以然 而因設其所當用之藥方, 又大約六年中, 師教其弟子, 以切脉及療治之法, 六年之後, 須嚴考試, 而非領考司之命, 不得擅行醫也.

5.7 세 번째 분야는 철학이다. 'Philosophy'[30]란 사물의 이치를 연구하는 학문(격물궁리학)이라고 번역한다. 이는 가장 존경받는 학자의 혜명을 취하여 부르는 이름이다. 문학을 이수한 다음에 이런 다양한 분야의 학문에 뜻을 두게 된다. 그 학문은 다섯 가지 분야로 나눌 수 있다. 즉, 논리학[31], 자연과학[32], 기하학[33], 형이상학[34], 윤리학[35]이 그것이다.

첫째, 논리학(Logica, 落熱加)은 논리적으로 밝게 변별해내는 학문 분야라고 옮겨 말할 수 있다. 이는 모든 학문의 근본으로 시비와 실다움과 허, 안과 밖을 변별한다. 대개 사물에 숨겨진 이치를 밝혀 오류가 없게 하는 것이다.

둘째, 자연과학(Physica, 非西加)은 성리의 도를 탐구하는 분야라고 옮겨 말할 수 있다. 주로 만물의 이치를 밝게 분석하고 본과 말, 성과 정, 당연한 것과 그런 까닭을 변별한다. 나타난 것을 측정하여 숨어 있는 것을 추론하며 전후로 그 까닭을 추론하며 이미 아는 것으로부터 미지의 세계에 이르는 것까지 연구한다.

其三家費羅所非亞也, 費羅所非亞者, 譯言格物窮理之道, 名號冣尊, 學者之慧明者, 文學旣成, 卽立志向此焉. 此道又分五家, 一曰落熱加, 一曰非西加, 一曰瑪得瑪弟加, 一曰默大非西加, 一曰厄第加. 落熱加者, 譯言明辯之道也, 以立諸學之根基, 而貴辨是與非, 實與虛, 裏與表. 盖開茅塞而于事物之隱蘊, 不使誤謬也. 非西加者, 譯言察性理之道, 主乎, 明剖萬物之理, 辨其本與末,性與情, 其當然者與其所以然者, 依顯測隱, 由後推前, 緣其旣知, 以致其所未知.

5.8 그러므로 그 학문(자연과학)은 호대하고 박학하여 배워도 보통 이상의 학문적 성취를 보이기 어렵다. 위로 하늘과 아래로 땅에는 불과 나무와 물과 흙의 영역이 있다. 천지와 불, 나무, 물, 흙 등으로부터 만물이 생성되면서 조화의 묘, 사시의 순서와 상호작용, 다섯가지 금속(伍金)의 응결과 백 가지 곡식이 익어 가게 된다.

샛째, 'Methematica'란 기하학(Mathmatica, 瑪得摩弟加)이라고 옮겨 말할 수 있다. 이는 주로 사물의 분계에 관한 연구를 한다. 여기서 구분하는 것은 마치 분절하여 수치로 사물이 얼마나 되는지를 표현하는 양적인 구분이다. 만약 척도가 완비되어 사물을 측정하게 되면 이는 사물이 얼마나 큰가를 가리킨다. 그 수치와 측정은 물체를 벗어난 공론일 수도 있다.

수치를 계산하는 것은 산술가(Arithmatician) 분야이고, 척도로 측정하는 것은 기하학자(Geometer) 분야이다. 이 두 학문 분야는 물체를 대상으로 하나 척도와 수, 두 가지가 모두 실제 물체에 들어맞는지 평가하는 분야이다. 수란 마치 소리와 조화를 이루는 것과 같다면 이 분야의 전문가로는 음악가(Musical harmonist, 律呂家)

가 있고, 척도는 하늘이 움직이는 운행의 때를 말하는 것과 같다면 이 분야의 전문가로 역법가(Astrologia: 천문, 역학)를 들 수 있다. 이 네 가지 큰 학문 분야는 백 가지 학파로 다시 나뉠 수 있다. 이들 모두 매우 정밀한 이론을 연구하는 학문 분야로 여기서는 자세하게 논할 수 없다.

故其學浩博, 非他人學可比, 凡上天下地中, 火木水土之域, 萬象萬生之品 造化之妙, 四時之序, 四行之交互, 五金之凝結. 百穀之成熟, 種種具焉. 瑪得瑪第加者, 譯言 察幾何之道, 主乎審究形物之分限者也. 其分者, 若截以爲數, 則顯物幾何衆也. 若完以爲度, 則指物幾何大也. 其數與度, 或脫于物體而空論之, 則數者立算法家, 度者立量法家也, 或二者在物體, 而偕其物議之, 則數者如在音相濟爲和, 而立律呂家, 度者如在動天迭運爲時, 而立曆法家也. 此四大支, 流析百派, 皆可究極精理, 此未暇詳也.

5.9

넷째, 형이상학(Metaphysica, 默大非西加)[36]이란 사물의 본질을 탐구하는 학문이라고 옮겨 말할 수 있다. 여기서는 형태가 있는 모든 사물의 궁극적 원리를 분석하는데 그 대상이 되는 만물에는 두 가지 종류의 것이 있다. 하나는 독립적으로 존재하는 것(독립변인)이라면 다른 하나는 종속자(종속변인)로 이는 다시 아홉 가지로 분류가 가능하다.[37] 결국은 인간의 정신에 대한 정밀한 이론을 탐구하여 점차 만유의 본질에 대해 밝히는 분야로 학문의 근원이 된다.

다섯째, 윤리학(Ethica, 厄第加)은 의례에 관한 학문이라고 옮겨 말할 수 있다. 윤리학은 세 가지 분야[38]로 나뉜다. 즉, 먼저 의례로서 수신하는 분야, 몸으로써 제가를 하는 분야, 끝으로 제가로서 국가를 다스리는 분야가 그것이다. 수신(修身)은 먼저 의례와 모든 덕의 근본의 동이점 및 그 자세한 상황 등을 살펴서 우리가 당연하게 좇아야 하는 선과 피해야 하는 악을 알게 해준다.

> 默大非西加者, 譯言察性以上之理也, 則總論有形諸物之宗理, 分析萬有爲二宗品, 一謂之自立者, 一謂之依賴者, 依賴者, 又分爲九宗焉, 終設神鬼之精論, 而漸著明萬有之源本也, 夫厄第加者, 譯言察義禮之學也, 其務不外乎三者, 先以義禮修身, 次以身齊家, 終以家治國是也. 然計修身, 先剖析義禮, 與諸德根本異同, 及其細情, 使吾知其所當從之善, 與其所當避之惡也.

5.10

다음으로는 제가(齊家)에서는 결혼하여 직업, 자녀 양육 방법에 대해 논의한다. 이 분야는 마땅히 취할 바와 경계할 바를 알게 한다. 이어서 치국(治國), 국가를 다스리는 데 있어서는 대중의 차등을 두어 구별하고 인물을 선발하며 정사를 잘 살펴서 정치하는 사람으로 하여금 드러낼 것은 드러내고 남아 있는 삿된 것은 버리게 한다. 이와 같이 사람의 배움이란 갖추어야 할 것이 많다.

또 사람이 배워야 할 것으로 천학(天學)이 있는데 서양의 학자들은 이를 일러 신학(Theologia, 陡羅日亞)[39]이라고 한다. 이 학문은 고금의 경전과 모든 성현이 펴낸 주론에 근거하여 정도의 본원을 분석하고 이단의 삿된 것을 공벽한다.

이 학문은 또한 네 가지 분야로 나뉜다. 첫째 분야는 사물의 위에 존재하는 지대하고 지극히 밝고 선하며 공명한 주에 대해 그 성격과 불가사의한 정황을 자상히 다룬다.[40] 둘째 분야는 천주께서 천지와 만물을 만드신 공덕을 논하고 만물 가운데 신과 인간이 영장으로서 가장 귀한 존재임을 다룬다.[41] 셋째 분야는 만민이 지향하는 참다운 복과, 그 복을 얻기도 하고 잃기도 하는 까닭, 선악 및 모든 선악의 바른 과보을 논한다. 넷째 분야는 천주께서 세상을 구원하기 위해 이 땅에 내려오신 내력과 그 많은 사람을 교화하다 하늘로 승천하는 기적을 나누시고 하늘로 돌아간 후일에 교화하는 모든 규칙을 정한다.

次論立室, 生產資業, 養育之道, 使知其所當取, 併其所當戒也. 次區別衆政之品節, 而銓敍流品, 考覈政事, 使其政者, 顯且存, 其邪者棄之也. 若是者, 人學庶備矣. 但人學之上, 尙有天學, 西士所謂陡羅日亞也. 此學乃依古今經典, 與諸聖賢註論, 剖析正道之本源, 而攻闢異端之(諸)邪也. 其學亦分四大支, 一論物上,必有一主, 至大至明, 至善至公, 卽詳其性, 及其妙情, 一論天主造成天地, 及萬物之功, 而萬物之中, 神與人爲靈貴焉. 一論萬民所向之眞福, 及其所以得失眞福之善惡, 及諸善惡之正報, 一論天主降生救世之來歷, 及其化衆而登天道之奇功, 以至歸天, 而定後日敎化之諸規也.

5.11 천주의 학문인 천학(天學, 천주학)이 이미 갖춰졌다면 그 다음으로 인간의 학문인 인학(人學)을 온전하게 하지 않을 수 없다. 그러면 수신 · 제가 · 치국 · 평천하의 공도 더욱 밝고 용이해져 실천하는 힘도 더욱 강해질 것이다. 그러므로 우리 서양의 대학에서 수학은 자신에 대한 앎으로부터 시작하여 만유 지존의 올바른 것에 이르기까지 알게 한다.

이른바 태초로 돌아가 본원을 돌아본다고 말한다. 그러나 이미 밝힌 바와 같이 나를 사랑하듯 널리 다른 사람에까지 미치며 자신의 직분을 극복하여 최선을 다하고 분수를 다하도록 해야 한다. 그 가운데 또한 높은 뜻을 지닌 선비는 그러한 모든 학문에 부지런히 노력하며 정도의 불가사의함을 익혀 나가는 가운데 끊임없이 순수한 덕성을 함양하고 인격을 도야해 나간다. 비록 글로 배우는 학업에 대해 스스로 만족하고 입신출세를 한다 할지라도 오히려 존경받는 위치와 무거운 봉급을 사양하며, 부모와 친척을 벗어나 두루 넉넉하게 물질을 베풀고, 고생을 달게 여기고 심신이 고달플지라도 이름난 평판을 줄이며, 도를 이야기하고 덕을 권함으로써 만일 삿된 이단을 만나더라도 온 힘을 다해 이를 물리치고 천주를 도와 바르게 전하다가 명을 다해도 돌보지 않는다.

이상이 우리 서양의 모든 학문에 대한 대략이다. 자세한 것을 밝히자면 우리 예수회원이 이를 설명해 줄 수 있을 것이다. 만일 질문할 것이 있다면 번거로움을 꺼리지 말라. 그리고 번역서가 차례로 출판되면 천인의 학문이 중국에 널리 유포되어 충만한 것을 볼 수 있을 것이다.

夫天學己備, 卽人學無不全, 而修齊治平之功. 更明且易, 行道之力更强矣. 故吾西大學之修, 從認己始, 而至于知萬有之至尊, 正所謂復其初, 反其本也. 然旣明于是, 又從彼推廣其仁, 愛人如己, 使各克其職, 而盡其分數焉. 其中又有高志之士, 旣勤苦于彼諸學, 尙進習于正道之妙, 而常在其中, 涵育以成純德, 修身不己, 雖文業自足聞達, 乃反辭尊位, 重祿, 離父母, 骨肉, 親戚, 施豊貲, 而甘困約, 煩劇身心, 鏟減名跡, 以談道勸德, 倘遇邪教異端, 輒殫力鬪之, 以扶天主正傳, 卽致命不顧焉. 則吾泰西總學之大略也. 若其詳細則, 吾耶蘇會中人, 類能言之, 倘有下問, 不敢憚煩, 且譯書次第出, 會見天人之學, 布滿中華矣.

6 飮食 음식 교육

6.1 아낙사고라스(Anaxagoras, 亞訥加氏, BC 500-428)[42]는 서양의 옛 현인으로 일찍이 배우는 데 있어서 세 가지 경계할 것을 말한 바 있다. 그 하나는 음식을 취하는 복부요 둘은 혀이며 셋은 여색이다. 대개 바르게 배우는 것을 방해하는 것이 이 세 가지에 그치지는 않지만 배부르게 먹어서 오는 해가 가장 심하다.

자세히 살펴보면 배를 술과 고기로 채우면 심지가 약하여 마침내는 천하고 비루한 곳으로 떨어지게 된다. 혀는 말을 하는 데 방자해지기 쉽고, 정욕은 음탕하게 되기 쉽다. 대체로 달고 담백하고 싱거운 음식은 훌륭한 뜻을 세우는 데 도움이 되고 욕심을 작아지게 한다. 혀로 말을 하는 데에도 방종에 이르지 않게 해야 한다. 비록 그렇다 할지라도 음식 욕심은 다스리기 가장 어렵다. 대개 식욕은 정서에 뿌리를 두고 있고 사람이 세상에 태어나면서 함께 커지는 것이어서 끊을 수는 없다. 음식은 적절하게 취하고 지나치지 않으면 된다. 이는 훌륭한 인격을 이룬 사람에게도 어려운 일인데 하물며 배움을 시작하는 사람에게 어떠하겠는가.

그러므로 성스런 가르침과 밝은 스승들이 모두 말하기를 "대개 맑은 정신으로 학문 수습에 뜻을 두자면 먼저 가장 어려운 것부터 극복해야 하는데 그것이 바로 음식 욕심이다. 조금씩 식욕에 따르다 보면 많은 욕심이 생기게 되고 도덕이 기울어져 마침내는 식욕이 도덕까지도 단절하고 만다. 이렇게 되면 인간의 육체가 상하고 약해지며 학업도 쉬게 되므로, 반드시 그 중도를 지켜야 된다는 것을 헤아려야 한다"고 하였다.

亞訥加氏西國古賢也, 嘗設三誡于學, 腹其一, 舌其二, 色其三, 盖害正學者, 不止三, 而腹其害尤甚, 試觀凡服充飽以酒肉, 則心志墜溺于賤陋, 乃舌易肆于言, 而情易恣于淫也. 凡甘淡薄, 則美志立, 慾易約, 而舌亦不至縱矣. 雖然飮食之欲, 治之最難. 盖根乎情性, 與人並生長, 而不可絶也. 乃取其適可, 而辭其太過, 在成德之士獨難之, 况始學乎, 故聖教明師皆曰, 凡志于清修之學, 宜先克最難克者, 則飮食之欲是也, 稍順之, 則衆慾恣侈, 道德傾隕, 欲絶之, 則肢體餒弱, 學業輟息, 必酌其中可耳.

6.2 그러므로 아버지와 스승이 어린이를 교육할 때 욕심이 싹트는 것을 일찍부터 바로잡아야 한다고 하였다. 농사짓는 방법과 수렵하는 방법을 보자. 농사짓는 방법이란 나무를 심어 무성할 때 맑은 물을 대주는 것이지만 물을 때에 맞게 주지 않으면 도리어 해가 된다. 어린이의 성장 속도는 빠르다. 안으로 열기가 많으면 옷을 두텁게 해주지 않아도 되지만 시기를 놓쳐 얇게라도 입으면 질환을 면할 수 없게 되는 것과 같다.

어떤 사람이 수렵하는 방법에 대해 말하기를 "개에게 수렵을 익히게 할 때 개가 달려가 짐승을 잡게 하려면 반드시 개를 날렵하게 길들여 공복상태를 유지해야 한다. 대개 비만한 개는 잘 달리지 못하는데 어떻게 수렵을 할 수 있겠는가?"라고 하였다. 어린이가 문예의 학문에 대한 방법을 배우려고 하면 몸을 가볍게 하는 것보다 더 좋은 방법이 없다. 어린이가 배불리 음식을 먹지 않도록 하는 것이 학업을 잘하여 막히지 않게 하는 방법이다.

故父師敎育之際, 當于其欲之萌芽, 早正之, 則或視農法焉. 或視獵法焉, 農法曰, 諸木植茂, 時以清泉漑之, 但漑之, 不得其時與數, 反以害之. 童孩者長之急, 又多内火, 卽未免厚供之 然而或失時, 或失宜, 亦未免致患矣. 獵法曰, 欲習犬于獵, 使疾趋而獲獸也, 必養之, 薄時空其腹焉, 盖肥者未能善走焉, 能獲獸乎, 夫幼者欲習于文藝之學, 法莫善乎育之薄, 不使飽飫, 爲美業之滯也.

6.3

대개 문학의 덕이 온전하게 이루어지려면 반드시 기운을 청결히 하여 외부 사물의 여러 가지 형상을 잘 받아들이도록 해야 한다. 관리가 이를 견고히 기록하려고 하면 여러 가지 형상을 잘 보존해야 한다. 그리고 밝은 덕을 깨끗이 하고자 하면 만물의 이치를 통철해야 한다. 뜻은 높고도 분명히 정하여 모든 의심을 해결하고 어려운 일을 잘 처리해야 한다. 네 가지(기운의 청결, 기록의 견고함, 밝은 덕을 기름, 높고 바른 뜻의 함양) 중 하나라도 부족한데도 온전하게 그 배움을 이룬 사람은 드물다. 풍성한 것을 탐하는 자는 다혈질에 기가 탁하여 마음이 새고 흩어지며 혼매하고 의지와 기개가 전도되니 그 배움이 성공할 수 있겠는가?

디오니소스(Dyonisos, 弟呵泥恤)는 고대 서양의 유명한 섬에 사는 가혹한 왕으로, 어진 선비를 멀리하는 한 아이를 알게 되었다. 그가 아이에게 때때로 풍성한 연회를 베풀어 주자 마침내 아이 먼저 배움을 놓아버리고 못나고 어리석은 아이로 전락하게 되었다. 위대한 현인의 아이를 해할 수 없었으나, 악한 왕이 간계를 부려 풍성한 음식으로 그 배움을 잃게 하는 교묘한 일이 있었다.

盖文德全成, 必欲氣之清潔, 以受種種外物之像焉. 欲司記之堅固, 以含存諸像焉. 欲明德之靜漠, 以洞徹萬物之理焉. 欲志之高且定以決諸疑, 而處諸事之難焉, 四者廢其一, 而全成其學者鮮矣. 豊饕者多血氣垢濁, 記心漏散, 明悟昏昧, 志氣顛躓, 而學尚有所立之地乎. 弟呵泥恤古爲西海名島之虐王也. 遇所忌賢士幼子, 欲害之, 時時豊宴饗之, 終廢其先學, 而溺于不肖噫, 惡王干計, 不能害大賢之子, 而惟豊飮食以敗其學巧哉.

6.4

아게실라우스(Agesilaus, 亞日西老, ?-?)[43]는 예전의 이름난 장수였다. 거느린 군대가 지역 서해 섬 델로스(Delos, 達瑣)[44]를 넘어가자 많은 사람들이 그에게 여러 가지의 맛있는 음식을 제공하였다. 그러나 그는 그중 가장 담백한 것만을 받아들이고 그 뜻을 거절하였다. 사신이 여러 차례 간청하자 마지못해 부하들에게 나누어 주었지만 정작 본인은 입에도 대지 않았다. 사신이 그 이유을 묻자 그가 말하기를 "도덕에 힘쓰는 자는 반드시 음식 때문에 어지러워 지체해서는 안 된다. 무릇 형상과 정신이라는 두 가지 물체는 서로 가장 가까우나 이 두 가지를 함께 기르면 또한 서로 멀어지게 된다. 몸에 맞는 음식을 실컷 취하게 되면 정신이 메말라 올바르게 학문에 전념할 수 없다. 또한 몸에 음식을 제공하지 않아 굶주리게 되면 정신은 맑으나 비루함을 다스리지 못한다"고 하였다.

카이로(Cairo, 加肋諾) 대학[45]은 고대 대학의 으뜸되는 곳으로 역사가 140년이나 된다. 어떤 사람이 묻기를 "자녀가 어떤 방법으로 배우면 수명을 연장할 수 있습니까?" 하니, "다른 방법은 없고 먹는 것을 줄여서 배부르게 하지 않아야 한다"고 하였다.

亞日西老氏昔爲名將, 忽帥軍經地西海, 島名達瑣衆, 民饋以嘉味數種, 賢將惟納其最薄, 而辭其旨者, 使者屡懇, 遂分散于下僕, 不自用也. 使者問故, 將曰, 務于道德者, 必不滯于殽膳也. 夫形神二物最相近, 形神二養又最相遠, 身飫則神瘦, 未能專于正學之要焉. 身饑則神清, 未遑營陋(口腹之陋)焉, 加肋諾古爲大學之宗, 壽至一百四十歲, 或問之曰, 子從何法, 而學之, 廣壽之長乎, 曰無他, 食減飱, 而未嘗至于飽也.

6.5 역사에 기록하기를 "많이 먹는 사람은 수명을 연장하여 오래 살 수도 없고 뜻을 세워 널리 배울 수도 없다. 많이 먹는 짐승은 항상 더러운 땅에 묶여 있어서 몸을 움직여 맑은 기운을 자유로이 누릴 수 없다. 음식을 많이 먹여 아이를 기르면 그 아이가 더럽고 비루한 데 빠져서 뜻을 세워 고귀한 일을 오롯이 할 수 있겠는가"라고 하였다.

페르시아(Persia, 伯亞西亞)는 고대에 도덕이 풍미한 지역으로 배우는 사람에게 마음대로 음식을 취하게 하지 않았다. 흉년이 들 때면 학교에서 어진 스승들이 쓴 것과 싱거운 것부터 주기 시작했다. 또 스파르타(Sparta, 辣責德未納) 역시 고대 유명한 학문의 고장으로 어린이게 음식은 분수에 맞게 주고 과하게 제공하지 않았다. 만일 음식을 지나치게 먹으면 반드시 징벌하여 용서하지 않자 뚱뚱한 아이는 보기 드물었다. 계절마다 어린이의 비만을 측정하여 비만아는 문책하고 벌을 주자 날로 수요가 줄어들어 원래의 몸인 마른 상태로 돌아가게 했다.

記者曰, 多食者未能延命而致壽, 未能立志而廣學, 多食之禽每畢飛, 常係于垢土, 弗見發體而任天遊, 以亨其清氣焉. 豊養之幼, 多滯于污陋, 能立志而專于高務耶. 伯亞西亞古爲道邦, 其遊學者不許任意取食, 乃至學堂, 賢師叩之, 饑之時, 始以苦者淡者與之. 辣責德未納亦古名學之邑也, 于幼之飮食, 有分數, 不可踰, 踰者必懲不赦, 幼中罕見有胖體者, 每季試童子, 肥者輒責罰之, 減其日需, 使反其原體之臞焉.

6.6 몸을 측정할 때가 되면 치수를 미리 정해 놓은 각각의 허리띠로 어린이의 복부를 쟀다. 만일 복부를 잰 치수가 정해 놓은 허리띠 치수를 벗어나면 큰 행사가 있을 때 이를 꾸짖었다. 술에 취한 노복을 시중에 두고서 많은 어린이로 하여금 그를 둘러싸고 그 노비를 마음대로 공격하게 하여 어린이로 하여금 그 경황을 보게 함으로써 스스로 음식을 지나치게 취하는 것을 멈추게 하고 감히 마음대로 행동하지 못하게 했다.

인더스국(因多國)[46]의 풍속은 어린이를 양육하는 데 엄격했다. 그렇기 때문에 배우는 사람이 함께 기거하면서 항상 스승을 옆에 모시고서 스승의 명이 아니면 감히 음식을 취하지 못하게 했다. 식사를 하게 되어도 스승이 먼저 살펴보아 아이들의 형편에 따라 취하게 했다. 부지런한 아이에게는 영예로운 자리를 허락하는 반면 게으른 아이는 질타하여 꾸짖고 앉지도 못하게 하였다. 식탁 예절로 이야기하거나 웃지 못하게 하며, 움직임을 구속하지 않으면서 욕심부리지 않고 소박하게 배워나가도록 했다.

試期至, 卽具定數之腰帶, 而量各童之腹, 其不入帶數者責之, 至于大節, 則取醉僕置市中, 使衆童圍聚隨意擊撻之, 俾童子觀彼驚惶, 自止其飮食之侈, 而不敢肆矣. 因多國古俗, 于幼之育尤嚴也, 學者同居常侍師側, 非師之命, 弗敢聚食, 將食師先審各童之功, 其敏者則譽而容于席, 其惰者則叱, 不容于席, 坐席之範, 弗談, 弗笑, 擧動不苟, 其淡素, 而起趨學也.

6.7

근세에 도덕을 배우는 자들은 저 세상보다 더욱 심하게 한 것 같다. 어리석은 부모는 사사로운 애정에 가려 아이를 양육하는데, 이는 짐승을 기르는 것과 다를 바 없다.

그렇다 하여도 어린이가 술을 경계함에 있어서는 더욱 엄하게 해야 한다. 어린이는 품수받은 기가 왕성하여 성질이 급하기 때문에 강제로 술을 끊도록 하는 것은 불에다 불을 가하는 것과 같다. 옛 성현이 말하기를 "술이란 곧 도덕의 적이자, 청결의 원수요, 정신과 몸에는 달지만 독이 많이 있다. 그런 술을 가까이 하면서 어찌 도덕을 배우기를 좋아할 수 있겠는가?" 하였다.

옛 성현이 또 말하기를 "술을 사용하는 데 네 가지 등급이 있다. 하나는 술을 마시고 흐물흐물하는 것이요, 또 하나는 기분 좋아하는 것이요, 다른 하나는 욕되게 하는 것이요, 마지막으로 술에 미치는 것이다"라고 하였다. 대개 어린이는 처음에 술을 가까이 하면 흐물흐물해지다 심하여 과해지면 점차 기분이 좋아지게 된다. 그러다 마침내는 욕되고 미치게 된다. 그러므로 우리 서양의 고금에 어린이가 수학하는 모든 도시에서는 열흘 동안 혹은 스무날 동안 반드시 술을 마시지 못하게 하여 어린이의 마음이 혼미되어 배움을 포기하지 않도록 하였다. 대체로 일찍 술을 익힌 사람은 반드시 앎에 이르는 데 지체되지 않음이 없다.

若近世學道, 去彼世殊甚矣. 愚者蔽于私愛養子, 若養牲無異焉, 雖然, 幼學戒酒, 宜尤嚴. 盖幼者稟氣之旺而因得性之急, 使隨意啜酒, 將加火于火矣. 古聖曰, 酒乃道德之敵, 潔淨之讐, 神身之甘毒, 好之者, 焉能好道德之學乎, 古聖又曰, 酒之用有四級, 一謂之湏, 一謂之喜, 一謂之辱, 一謂之狂. 盖幼者所湏甚寡, 漸喜嘗焉. 遂至辱且狂矣. 故吾泰西古今諸修幼學之都邑, 或一旬, 或二旬之間, 必禁酒, 不使童幼之心, 昏迷而棄美學也. 盖早習于酒者, 必遲至于知無不然也.

7 衣裳 옷차림 교육

7.1 조물주께서는 인간을 위해 의상을 갖추어 몸을 가리고 외부로부터의 환난을 막도록 하셨다. 옛 사람들은 이런 천주의 명을 어기지 않았다.

그러나 후래 사람들은 점점 의복에 매우 사치스럽고 화려하게 장식하길 좋아하였다. 토마스(St. Thomas Aquinas, 篤瑪) 성인은 이렇게 말씀하셨다. "우리가 선조로부터 처음 태어날 때 얻은 성정은 바른 것이었다. 그래서 옷이 없이 알몸이어도 부끄러워하지 않았다. 그런데 이미 그 명을 거역하면서부터 부끄러움을 알기 시작하였다. 이에 주께서 자비와 불쌍히 여기시는 마음에 옷을 구해서 주자 어리석은 사람들이 점차 그 옷을 사치하기 시작했다. 이렇게 하여 남은 원죄를 자신의 몸에 화려하게 꾸미는 것으로 여기니 슬프구나. 비유컨대 노복이 주인에게 대들거나 집에 재물을 겁탈하여 얻은 옷으로 꾸미는 것을 욕되게 여기지 않고 오히려 자신의 몸을 아름답게 꾸밀 수 있다고 생각하는 것과 같다"고 하였다. 그러므로 경에 경계하여 이르기를 "좋은 옷을 자랑하지 말라, 볕 나는 날만 좋아하지 말라" 하였다. 천주께서 명하신 것은 측량할 수 없다. 이를 해석하는 사람이 말하기를 "의복을 화려하게 꾸미기를 좋아하는 것은 반드시 허물이 아닌 것은 아니다. 천주께서도 승인하지 않는 바도 아니다"라고 하였다. 어찌 조심하지 않으리오.

造化主爲人具衣裳, 以蔽四體, 禦外患者也. 古之人奉命不違焉. 後世人心漸侈, 其于衣服奢華甚矣. 篤瑪所聖人曰, 吾先祖初生時, 得性情之正, 乃無衣而不耻其裸, 旣而逆命, 爰始知羞, 乃主慈憐以裘衣之, 愚民漸侈其衣, 則以元罪所遺爲本身之文飾, 哀哉, 譬之, 奴僕或抗主, 或刼家貲, 而所得服飾, 不以爲累辱也. 反以爲本體美飾可乎, 故經戒曰, 勿誇美衣, 勿喜于光日, 天主之命, 不可測也. 解之者曰, 粲粲衣服而喜, 未必無愆罪焉, 未必不承天主之焉. 豈可不愼哉.

7.2 어린이의 옷차림은 더욱 조심해야 한다. 대개 외부로부터 혼란스러운 것들이 어린이의 마음을 유혹하게 되는데, 옷차림을 잘 꾸미는 것이 무엇보다 중요하다. 옛 말씀에 이르기를 "밖으로 옷을 잘 차려입는 데 열중

하고 안으로 병들어 있으면, 이는 햇볕이 밝으면 밝을수록 더욱 눈이 희미해지듯 옷의 빛과 밝음이 그 마음을 어지럽게 하는 것과 같다"고 했다. 공작은 다섯 가지 색깔로 화려한 깃털을 펼쳐 돌린다. 그래서 금수 중에서 가장 기이하고 화려하다. 그러나 태양을 향해 바라보면서 스스로 기뻐 오만한 자태를 보이고 자신의 발이 추한 것을 굽어볼 틈이 없으니 피폐함이 그러하다. 어린이가 옷을 잘 차려입는 것은 공작과 다를 바 없다. 항상 자신의 몸을 꾸미는 자는 교만하고 자긍하여 그 본실이 악하고 삿된 것을 보지 못한다.

어거스틴(Aurelius Augustinus, 奧悟斯多, 354-430)[47]은 서양 고대의 위대한 철학자로 그는 항상 다음과 같은 교훈을 한 바 있다. "의복이 기이하고 화려한 것은 교만한 것을 드러내는 것이요, 삿되고 음탕한 무리들이 의지하는 바이다. 불은 땔나무가 마르면 붙는 것이고 오만은 의복의 꾸밈에 따라 쉽게 일어난다." 또한 역(易)[48]에 이르기를 "얼굴을 예쁘게 단장하는 것은 음란함을 보여주는 것이고 용모를 많이 꾸미는 것은 의상을 화려하게 꾸미는 것과 관련이 있으니, 음란한 것과 오만한 것이 뼈 속 깊이 들어가면 배움을 좇아 안으로 인격을 도야한들 배움에 성공을 이룰 수 있겠는가?" 하였다. 예전에 듣건대 어느 스승 한 분은 배움에 임하는 문인이 의복을 화려하게 꾸며 입은 것을 보고 이를 질책하여 말하기를 "이런 옷은 곧 음란한 것을 불러오는 징표이지 도를 구하고자 하는 징험은 아니다"라고 하였다.

至于童幼衣裳, 尤宜加謹. 盖諸自外而昏惑幼心者, 莫如衣裳之餘飾也. 古言曰, 外修彌盛, 内修彌瘁, 譬之日光愈大愈昏目, 衣之光明, 未有不昏其心者也. 孔雀負五彩而張華輪, 羽禽之中, 最爲奇麗, 對太陽而舒顧自喜, 倨傲不暇己俯視其足之醜也. 則廢然矣. 幼者盛服, 與孔雀無異, 恒睹身之文飾, 驕而矜之, 不視其本情之惡邪乎. 奥悟斯多吾西古賢王也, 嘗設訓曰, 服之奇豔, 驕傲之旗, 邪淫之巢也, 火得薪之乾, 傲得衣之文, 皆易發焉, 易云, 冶容誨淫, 冶容多係于衣裳之華麗, 淫與傲, 旣入其骨髓, 乃圖從學而務内修, 得成乎. 昔聞一師臨學, 見門人中或袨服者, 責之曰, 此衣乃招淫之表, 非求道之驗也.

7.3

서양의 중고시대 한 현인은 잘생긴 소년이 시내에서 음란한 복장으로 이목을 끄는 것을 목격하자 이를 꾸짖어 말하기를 "큰일이구나, 밖으로 꾸미고 안으로는 추하면 어떻게 가까이 할 수 있겠는가?" 하였다. 부끄러워 추한 냄새를 피하고자 코를 막고 지나가면서 그 스승이 훈화하는 소리를 듣고 말하였다. "선하고 올바른 것이란 곧고 단정한 여인이 겉으로 꾸미는 것에 의지하지 않고 스스로 조용히 아름다움을 내보이는 것이요, 악하고 삿된 것이란 음탕하고 비루한 기생이 때때로 분칠하여 스스로 그 추하고 천함을 내보이는 것이다." 사물은 참으로 바르고 좋은 것일수록 질박하여 꾸미지 않는다. 가식은 거짓을수록 더욱 단장하고 꾸며대지만 본질은 이를 바라지 않는다.

예전에 지혜로운 사람이 우화에 있는 말을 하기를 "산에 새가 스스로 그 모습이 추하자 아름다운 깃털을 빌려와 폈다 접었다 하며 우는 소리를 그치지 않았다. 공작 무리가 와서 그 소리를 들어보니 천박하기 그지없어 빌려온 거짓 깃털을 모두 벗겨버리니 예전의 모습으로 돌아가 노는 것을 보았다."고 한다. 화려한 옷을 좋아한다는 것은 대개 양이나 누애로 꾸며댐으로써 그 추한 몸과 우둔한 마음을 가리고자 하는 것이다. 그런데 사람들이 그 가식을 알아차리고 말로 표현하면 마침내 웃음거리가 된다.

中古賢者, 忽逢美少年, 招淫于市, 譏之曰, 墳兮墳兮, 外餙内醜, 奚可近兮, 掩鼻而過之, 又聞師之陳訓曰, 善且正者, 若貞靚之女, 不假文飾, 自見閒美, 其惡且邪者, 若淫陋之妓, 時時塗抹, 自見其醜賤也. 物命眞正愈喜質朴, 不求其文, 愈假邪愈謀粧餙, 不欲其本質也. 徃有智者, 寓言曰, 山鳥自醜其形, 假之彩羽飾之, 抒翅長鳴不己, 俄群雀至, 聞其聲而鄙之, 盡褫所假而復其故於戲, 凡好華衣者, 槩以羊以蠶之餘飾, 圖遮其醜體及其愚心, 至于出聲發言之際, 終爲人所笑棄耳.

7.4

데모크리토스(Democritos, 德抹納)[49]는 상고시대 유명한 인사로, 진흙 속에서 한 아이가 옷을 잘 차려입고 자랑하여 웃으면서 다가오자 아이의 귀에 대고 이르기를 "오만하지 마라, 오만하지 마라, 이 옷은 곧 누애와 양의 옷이다. 어찌 오만할 수 있는가?"라고 하였다. 또 친구에게서 옷을 빌려 입고 순간적으로 군자인 척 좋아하는 이가 있자 이를 부끄러워하면서 말하기를 "그대가 짐승이 남긴 나머지 털로 자신의 몸을 아름답게 꾸민 것을 스스로 부끄러워 하지 않고 오히려 거만할 수 있는가?"라고 하였다.

원숭이가 여자 옷을 입으면 정말로 여자인 것처럼 행동하지만 잘 살펴보면 원숭이인 것이다. 어린이가 어리석으면 장식을 하여 꾸며대므로 그 품성이 탁한 것을 고칠 수 없다. 어리지만 배우기를 좋아하는 자는 안으로 글을 배우는 데 뜻을 두고 밖으로 꾸미지 않으며, 안으로 여유로움을 추구할지언정 밖으로 나타난 부분에 부족함을 걱정하지 않는다.

德抹納上古名士也, 塗中遇童幼盛衣自詡笑, 而提其耳曰, 勿傲乎, 勿傲乎, 是衣乃蠢羊之衣, 曷傲乎, 或借衣于友, 爲頃刻之餙君子, 羞之曰, 爾借諸禽之餘毛, 剩羽爲本身之美飾, 旣不自愧, 猶傲人乎哉. 獮猴或得衣女衣, 直似眞女, 旣而, 察其情, 則猴耳, 幼之愚者强餙以文繡, 弗能改其稟濁也, 若幼而好學者, 志于內文, 不求外餙, 計內之有餘, 不患外之不足矣.

7.5 비아스(Bias, 彼亞氏)는 고대 서양의 칠현 중 한 분이다. 그는 말하기를 "지혜는 밝은데 비루하여 옷에다 무엇을 숨기려 하는 우둔한 자가 있었다. 그는 소금에 절인 생선은 옷 속에 감춰 두고 귀한 명주는 조잡한 조개에다 보관하려고 했다. 그러나 장미의 꽃다운 향기는 가시나무에서 나온다"고 하였다. 그러므로 서양의 학규에는 마음대로 옷을 꾸며 입는 것을 허락하지 않으며 분수를 넘어선 자에게는 벌을 주었다.

대개 어린이의 성품은 꾸미기 좋아하고 밖으로 나타난 문양을 좋아하지 안으로 닦는 아름다운 가치에 대해서는 모른다. 엄한 부모와 밝은 스승의 지도가 아니면 어떻게 스스로 발전할 수 있겠는가? 어린이의 의복은 검소하면서도 얇게 하고 또한 가지런히 하면서도 깨끗해야 한다. 옷을 잘 차려입으면 오만하다는 소리가 따르고 더러운 옷을 입으면 더럽다는 소리가 따른다.

제롬(St. Jerome, 日落泥抹)[50]이라는 성현은 이렇게 말했다. "옷을 활용함에 있어 배우기를 좋아하는 자는 반드시 사치보다는 검소한 것을, 그리고 검소한 가운데 더러운 것보다는 깨끗이 해야 한다. 대체로 외부로 검소한 것은 마음의 겸양함을 드러낸 것이고 깨끗하다는 것은 마음이 깨끗하다는 증거이다"라고 말했다.

彼亞氏古七名哲之一也, 嘗曰, 明智多陋, 隱衣之下愚, 鹵多藏鮮衣之中, 明珠之貴韞于粗蚌, 薔薇之芳産于刺木, 故吾泰西學規,不許任意衣飾, 厥有分數, 踰者致罰. 蓋幼性好奢, 好文于外未識內修之美也. 自非嚴父明師, 爲之指南, 豈能自進乎. 然童幼之衣, 宜約且薄, 亦宜齊且潔也. 衣之盛美, 率爲傲微, 衣之穢惡, 率爲汗徵. 日落泥抹聖賢曰, 衣之用, 好學者必居其中, 與其奢寧儉寧儉之中, 其汗寧潔. 蓋外儉表心之謙抑, 而外潔証心之淸也.

8 寢寐 잠들기

8.1

잠에서 깨어 활동하다가 반드시 잠자리에 다시 들게 되는 것은 당연한 이치이다. 그러므로 어린이를 양육하면서 잠을 자지 않게 할 수는 없다. 낮에 하던 일을 마치면 힘이 소진되므로, 저녁에 편안히 쉬지 않으면 다시 원기를 보충할 수 없다. 이렇기 때문에 누워서 잠을 자는 것이다.

잠은 편안한 마음으로 힘을 비축하고 맑은 기운으로 고통을 해소하며 걱정거리를 해소하여 몸을 윤택하게 하는 약이다. 어린이는 물려받은 기질이 약하고 견고하지 못하며 어렵고 힘든 일을 익히지 않아 쉽게 지친다. 이른바 잠이란 곧 어린이에게는 음식 다음이다. 그러나 잠에도 적절한 도가 없으면 곧 맑은 정신을 쇠약하게 하고 학문 수습을 저버리게 된다. 이는 마치 먹는 것과 같이 적당히 해야 하는데 지나치면 어린이 양육에 도움을 줄 수 없을 뿐만 아니라 도리어 해를 불러온다.

옛 명의가 일찍이 이렇게 말한 바 있다. “잠자는 것이 과도하게 되면 몸에 남아 있는 기력이 빠지고 혼령도 비로소 쇠하며 기억력이 떨어지고 삿된 욕심을 부채질하여 마침내는 게을러진다.”

有寤必寐, 理也. 故養育之道, 非寢不成焉. 晝之所業, 己殫力矣. 非夜之安寧, 不能復補, 是寢臥, 乃安心禆力, 清氣消苦, 奪憂潤體之藥也. 若童幼者, 其所稟之質, 猶弱而未堅未習苦勞不可久困, 所謂寐寢, 乃孩童之次食也. 但使寢寐不得其道, 將溺清神而負美學, 如旨食焉. 過其宜, 非特不致養之功, 而猶招害矣. 古名醫嘗云, 寢越分數, 則散四體, 殘元氣, 昏靈才衰記性, 煽邪慾, 肆懈怠嗟.

8.2 잠이란 다른 것이 아니다. 비유하자면 도시를 정벌하러 가는 장수가 비록 짧은 시간의 잠이라도 자야 전쟁을 수행하러 나갈 수 있는 것처럼 유익한 면도 있다. 밤에 자는 것을 싫어하거나 낮잠 자는 것을 탐하는 사람도 있다. 그런데 왜 취침시간을 폐지하지 않는 것인가? 서양의 성인이었던 버나드(St. Bernard of Clairvaux, 伯兒納, 1090-1153)[51]는 일찍이 이렇게 말한 바 있다. “다른 사람에게 위임하여도 아무런 도움이 되지 않는 것이 있는데, 그것은 잠자는 시간이다.”

어떤 사람이 금을 여러 돈 얻어 그 무게를 헤아려 시중에 내다 팔아 면포, 기물로 바꿔 집에 도움을 주었다고 한다. 이것을 두고 재물을 소모한다고 하지 않고 물건을 교역한다고 한다. 오히려 소모가 아니라 재물이 그대로 있는 것이라고 할 수 있다. 그러면 잠자는 데 사용하는 시간은 아무런 도움이 되지 않는 비용인가? 예전에 무역 방면에 훌륭한 스승이 그 문하에 들어온 사람에게 부지런히 배우기를 권하며 말하기를 "잠을 오래 자지 마라, 이는 곧 잠이 맑은 정신으로 시간을 보내는 데는 적이 되기 때문이다"라고 하였다.

> 夫寢寐非他, 譬關市之征將, 取吾光陰之半而去也. 乃或未厭夜寢, 又眈晝眠, 豈不再廢其所當用之時耶. 伯兒納聖人嘗謂, 吾委之去而無益者, 莫如寢時也. 盖有人于此, 獲金數鎰, 或粟數斛, 而用之貿布帛器物, 以益其家, 此非謂之費, 乃交易貨物, 猶可謂之有也. 若其費可用之時, 于寢臥, 此革無益之費乎. 往者賢師進其門人于勤學, 曰, 勿肆于寢, 寢乃清年之虐賊也.

8.3

세상의 보물 중에 이보다 더 귀한 것이 없고, 사람들의 재화 중에 이보다 더 중요한 것이 없다. 인간이 살아 수명을 유지하는 시간의 대부분을 차지하는 것이 잠이다. 이를 강제로 빼앗아가도 우리는 왜 애석히 하지도 않고 깨닫지도 못하는가? 벽을 뚫고 들어가 이 미미한 재물을 훔쳐가도 우리는 당해낼 수도 없고 붙잡을 수도 없다.

만약 우리의 수명이 다 되었다면 따라가 잡을 수 없고 이미 패하여 잡을 수도 없다. 우리는 도리어 게으름에 빠져 잠을 자도 후회하지 않는 것인가? 이 때문에 사람에 따라 천주가 주신 수명을 노년에까지 가도록 해야 하는데 그 수명을 십 년이나 이십 년까지 줄이기도 한다. 반드시 지금 그대들이 천주로부터 받은 수명을 돌아보지 않으면 수를 다할 수 없게 된다. 힘으로, 재력으로도 그 수명을 연장할 수 없다. 곧 스스로 분수에 안분하는 것이 더 도움이 되지 못한다 하여 침대에 누워 있다면 애석하지 않는가? 선지자들은 잠이란 죽은 모습이나 죽은 형제라고도 하고, 죽은 사람이 항상 누워 잠자므로 잠시 죽은 것이라고 했다. 이는 곧 살아서 잠을 많이 자는 것을 좋아하는 것은 잠시 죽음의 경계에서 노는 것을 좋아하는 것이니 걱정이 되는 것이다. 슬픈 일이다.

世寶無貴, 時人資無重乎. 命人命之大半爲寢, 所强奪而吾猶不哀, 猶不覺乎哉. 穿窬負微貲以去, 吾猶不可當亟捕之, 若吾年命之數已去, 不可追已敗, 不可捕. 吾反委擲於懈寢不悔耶. 有人於是, 天主賜之壽, 使至耋耄焉, 或計減其數之二旬, 或一旬, 人必不顧, 今爾得命于天主, 未必壽也. 以力以財不可延之, 乃自甘分之于無益之, 臥寢而不惜乎, 先知言寢者, 或謂死之像, 或曰死之兄弟, 或曰死者, 常寢而寢者, 暫死也, 則生而好多寢者, 是暫好遊死者之境界矣. 傷哉.

8.4

이피크라테스(Iphicrates, 意非加厄罷迷)[52]는 고대 서양의 두 지혜로운 장수 중의 한 사람이었다. 국가에 위급한 일이 생기면 깊은 밤에도 군영을 순찰하였는데, 군영을 지키는 병사가 잠을 자는 모습을 보면 검으로 쳐서 그를 죽이거나 특별한 죄를 부과했다. 그는 이에 대해 말하기를 "군이란 군영을 지키고 국가의 환난을 방비하고 가정을 편안하게 하는 것이 마땅한 의무인데 도리어 잠을 자는 것은 반드시 스스로를 죽음으로 내던지는 것이다"라고 하였다. 이렇듯 수병을 죽인 것을 두고 어찌 죄가 된다고 하는가.

아아, 조화주께서는 우리를 낳아 이 세상에 내보내시어 반드시 도덕을 닦아 아름다운 공적을 쌓도록 계획하셨다. 도를 닦아 공을 쌓는 시기는 그 빠르기가 마치 망아지가 문 틈새를 지나가듯 빠르다. 그렇다면 잠자는 시간을 줄이는 노력을 하는 것이 어떠한가.

意非加厄罷迷古泰西二智將也. 遇國事急, 深夜各巡其所督營, 遇守營軍寢寐者, 則撫劒死之, 或異而罪之. 答曰, 夫軍也, 宜守營備患, 捍國安家, 而反寢寐, 必自投于死者之中矣. 吾遇而殺之, 何罪焉, 嗟乎, 造化主置吾生民於斯世, 必計吾修道德而積美功焉. 夫修道積功之期, 至速如駒過隙, 乃吾以多寐減其功, 如之何.

8.5 예전에 한 현인이 세상을 탄식하여 말하기를 "우리가 매일 음식을 먹는 것처럼 금수도 음식을 먹고, 우리가 음식을 먹고 눕는 것처럼 금수도 또한 그러하다. 오직 인간만이 배움을 닦는 것이 아닌가. 금수는 인간과 같이 배움을 닦지는 않는다. 이 때문에 인간이 하는 일이 많고 그에 반해 금수가 하는 일은 적은 것 또한 당연하지 않은가?" 하였다.

예로부터 배우는 데 힘쓰려면 항상 잠을 자고 싶어도 쉼이 없어야 한다. 그러나 잠시라도 누워 잠을 자지 못했다면 먼저 휴식을 취해야 한다. 아리스토텔레스(Aristoteles, 亞里斯多)는 고대 철학의 대가였다. 그는 사물에 대한 이치를 연구하느라 일상생활에 필요한 것을 잊고 생활하여, 별이며 해가 뜨는 것조차 알지 못할 정도였다. 그가 마지못해 잠시 휴식을 취하면서 기력을 보충할 때면 꼭 동(銅)으로 만든 공 하나를 손에 쥐고 눈을 감았는데, 공을 동판에 떨어뜨리면 놀라 깨므로 오래 자지 않았다 한다. 배우는 데 뜻을 세우고 이를 이루려면 어찌 편안히 잠잘 생각을 하리오. 여러 가지로 재주가 뛰어난 장인은 보잘것없는 이익을 얻기 위해서는 일을 하지 않지만, 때도 없이 자던 잠을 깨 일어나 부지런히 일하지 않으면 해를 넘겨도 맡은바 일을 해낼 수 없게 된다.

古賢嘆世曰, 吾日飮食焉. 禽獸亦然, 吾飮食而臥焉. 禽獸亦然, 惟至于修人學焉, 禽獸必不然, 必於是爲人事之多, 禽獸之少, 不亦宜乎. 自古務于正學, 無不欲恒寤而不息也. 倘不獲己, 方稍偃臥而先息焉. 亞里斯多氏古性學大宗也, 向務格物究理, 屢忘日用之薄需, 連星于日而不覺, 苟不得已, 聊安以補力, 必先持銅毬一枚, 然後廢目, 未久毬落於銅盤, 卽警醒不使久寐也, 則凡立志欲成其學. 豈可懷安於寢乎, 噫嘻, 百工止圖賤利無時, 不勤苦起蚤眠遲經年弗改也.

8.6 도리어 큰 학문에 뜻을 두는 자가 잠을 잘 수는 있으나 그가 해야 하는 바른 학업을 놓을 수야 있겠는가? 토마스(Thomas, 德抹斯)는 문학에 밝은 스승으로, 밤에 갑자기 재주가 뛰어난 장인의 수업을 듣고 깨어나 스스로 꾸짖어 말하기를, "저 하찮은 장인들이 이미 일을 시작한지 오래 되었다. 비록 천하고 비루한 데서 일하는 것이 마치 이와 같은데 학문을 닦는 사람으로 그들만 못해서 되겠는가. 오늘의 학자들은 이 말을 듣고 그 행동을 보고서 어찌 그 뜻을 본받고 그 부지런함을 본받지 않을 수 있으리오"라고 하였다.

乃志於大學者可寢, 而棄其正業乎, 德抹斯古文之明師, 夜醒, 忽聞百工之修業, 則自責曰, 斯微民也, 己起久矣. 拮据於賤陋如是, 而吾修文學, 猶不如彼乎, 今之學者, 聞其言而觀其行, 安可不效其志而法其勤也.

9 친구 사귀기

9.1 인간에게 친구란 사람이 사는 집에 비유된다. 집에 사람이 없어도 스스로 생활하거나 일을 할 수 있다. 또한 친구가 없다고 일을 해내지 못할 사람 역시 없다. 그러므로 천주께서는 인간이 사는 세상으로 내려가시어 그들을 친구 삼아 피차간에 서로 도움이 되게 하라 명하셨다. 인간에게서 친구를 빼놓는 것은 하늘에서 해와 달을 빼놓거나 땅에서 불과 물을 빼놓는 것과 마찬가지다.

어린이는 사랑하는 마음이 어느 한편에 기울수록 반드시 그와 친구를 맺게 된다. 예전에 노인은 재물을 많이 쌓아 두는 데 관심이 있고 어린이는 친구를 많이 사귀는 데 관심이 있다는 말이 이를 두고 한 말이다. 그러나 친구를 많이 사귀기가 쉬우면 쉬울수록 또한 위험하기도 하다. 대개 어린이 성장의 성패는 친구가 착한 사람인가 여부와 관련이 있다. 어떤 사람이라도 항상 자신의 마음에 끌리는 방향으로 말은 듣게 된다. 그리하여 친구의 선악을 본받고 싶지만 스스로 이를 깨닫지 못한다.

友者人之比, 宇内無人自足以生, 自足以事, 則亦無人, 不須友以成也. 故天主歸斯民於同宇, 命其結親交友, 彼此相助焉. 倘除友于人中, 是除日月於天, 除水火于地也. 若童幼者, 愈偏於愛情, 必愈趨於結友. 古所謂老者多積資, 幼者多結友是也. 雖然, 友之積, 彌易亦彌危. 蓋幼之成敗, 槩係於友之善不善, 何者, 常所聞見漸入于心, 引而效彼之, 善惡不自覺也.

9.2

성경[53]에 말씀하시기를 "성자와 교분을 하면 반드시 성인의 입지에 들게 되고 착한 사람과 교분하면 차츰 선한 사람이 되지만, 악한 사람과 사귀면 앞으로 악한 사람이 되는 것을 믿을 지어다"라고 하였다. 또 프로타고라스(Protagoras, 伯路氏, BC 500-430)[54]는 말하기를 "그대가 어떤 사람과 교분을 하느냐가 또한 그대가 앞으로 어떤 사람이 되는냐를 말하는 것이다"라고 하였다.

대개 공부하는 선비를 친구로 사귀면 책을 익히게 되고, 수렵하는 친구를 사귀면 밭으로 짐승을 좇아다니게 되며, 술에 취한 사람을 사귀면 술에 빠지게 되어 서로 사귄 지 오래되지 않아도 사로 만나 친교를 갖지 않아도 서로 본받게 된다. 내 몸에 병이 없어도 중병에 걸린 사람과 가까이 하면 그 병이 내 몸에 미치게 된다. 왜냐하면 내 몸에 향기가 없어도 향기를 품은 자를 친하게 가까이 하면 그 향기가 내 몸에 흩어지게 되는 것과 같기 때문이다. 예전에 유명한 현인이 항상 말하기를 "엄한 임금과 현명한 스승의 가르침은 친구의 말과 크게 달리 모든 친구의 마음을 움직일 수 있다" 하였다. 이렇게 보건대 무릇 배우는 사람이 친구를 사귀는 데 조심하지 않을 수 있겠는가?

聖經曰, 與聖者交, 必將入聖, 與善人交, 亦將爲善, 與惡人交, 亦將爲惡, 信哉. 伯路氏曰, 爾自謂與何人交, 我亦謂爾將爲何人. 盖交于儒者, 多習于書, 交於獵者, 多從田逐獸, 交於醉者, 多湎於酒, 未見相交之久, 而不相從相法者也. 向爾無病, 但親近於篤疾者, 彼患將逮於爾躬矣. 何爾無香, 但親近於懷香者, 彼氣將散於爾躬矣. 古名賢常謂, 嚴君明師之訓誨, 大不如朋友之語, 能動諸友之心, 以此觀之, 凡學者可不謹所交哉.

9.3

서양의 선지자들이 하신 말씀 중에는 친구를 가려 사귀라는 가르침이 있다. 정말로 어린이가 도움이 되는 친구를 사귀기를 바라지 않는 바 없지 않지만, 간혹 부족한 친구를 사귀기도 하고 영원히 교분을 맺는 친구를 사귀기도 한다. 그러나 친구와 사귀어 손해를 보는 경우도 있어 많은 친구와 그리고 새로 친구를 사귀는 경우 경계해야 할 것이 있다.

어떤 사람이 어진 스승에게 “어떤 사람을 친구로 사귀어야 합니까?” 하고 묻자, 답하기를 “나에게 도움이 되는 자면 될 따름이다”라고 하였다. “도움이 되는 자란 어떤 자입니까?” 하고 다시 묻자, 말하기를 “나에게 선한 사람이면 도움이 된다고 말할 수 있다”고 하였다. 대체로 진실한 친구 간의 의리는 덕과 뜻이 서로 비슷하고 덕행이 서로 성장에 도움이 되는 친구를 비로소 친구로 삼아야 한다. 이른바 바르게 친구를 사귀려면 덕을 근본으로 삼고 덕을 마지막으로 삼아야 한다는 말은 이를 두고 한 말이다.

돌 두 개가 서로 부딪치면 빛이 생기면서 불이 나게 된다. 그 돌이 사람이라고 하자. 사람이 만나 교분을 쌓는 것은 마치 서로 만나 사귀어 본 다음에 내면에 감추어져 있던 인격의 빛과 뜻이 찬란하게 드러나는 것과 같다. 그 덕이 나타나고 인정이 결합하면 모두 친구가 되는 것이다. 친구와 덕으로 서로 성장에 도움을 주고받으면 그 관계는 그침이 없는 것이다.

吾西先知者, 設陳擇交, 眞論, 無不欲童幼友其益者, 友其寡者, 友其永者, 而戒其友之損, 及衆且新者也. 或問賢師與何人友可答曰, 於益者而已. 又問其益者云何曰, 善于我者, 則謂之益. 盖眞友之義, 以德志之相似始立, 以德行之相長始成, 所謂正友之結, 以德爲本以德爲終是也. 兩石忽値而相擊, 則著光發火. 夫石者人也. 人倏會談交, 如相擊然相交, 而内德之光志遂顯彰矣. 德顯而人情結咸友焉. 友以德起, 相長相益無己矣.

9.4

옛 속담에 "등에 기름이 없고 친구에게 덕이 없다면 줄여야 한다"는 말이 있다. 또 서양 역사에 "선한 사람이 서로 친구로 교유하면 이를 일러 친구라 하고, 악한 사람이 서로 교유하면 이는 악한 집단이 조성된다고 하여 동맹이다"라고 했다. 슬프다. 세속에서 비루한 교분을 하는 경우, 대부분이 천박한 이해관계를 계산하지 큰 덕의 도움은 깨닫지 못한다. 이는 장사하는 무리들과 무엇이 다르겠는가.

예전에 어떤 사람이 어질고 부자인 사람과 교분을 시작한지 얼마 가지 않아 사소한 이득을 서로 구하게 되었다. 이에 현인이 말하기를 "그대는 왜 친구와 사귀면서 경제력만으로 친구를 생각할 뿐 자신의 처지는 생각하지 않는가? 친구와 그렇게 사귄다면 나의 이익이 없어지게 되면 그 친구와는 영원히 결별하게 된다"고 하였다. 대체로 이해관계를 생각하고 친구를 사귀는 사람은 바라는 것이 없어지면 그 사이가 멀어지게 된다.

古諺曰, 燈無油, 友無德, 不遽滅乎. 西史曰, 善者相交, 謂之友, 惡者相交, 謂之盟, 傷哉. 世俗之陋交友之際, 多惟計賤利之益,而未喩大德之益, 則何異於商賈之徒也. 耶昔者, 或始交於賢而富者, 未幾求以微利, 賢曰, 何爾必計友吾金, 未計友吾身, 且舍所求利而永辭之. 蓋志於利而友者, 至於無所望而友止矣.

9.5

아아, 덕 있는 친구는 곧 사람이 살아가는 데 보배로운 자산이 된다. 이 말은 그 친구가 나에게 덕으로 더욱 도움이 되는가 아니면 물질로 도움이 될 수 있는가를 변별해준다. 옛 서양의 이름난 현인인 세네카(Seneca, Lucius Annaeus, 色搦加)는 말하기를 "참다운 벗의 묘미는 어디에 있는가? 친구가 나의 단점을 보완하고 장점은 더욱 발전시켜 주며, 나는 친구의 장점을 더욱 드러내고 단점은 보완해 주는 것이다. 친구가 더 보완해 줄 나의 단점이 없게 하고, 또한 내가 보완해 줄 친구의 단점이 없게 해야 한다"라고 하였다.

어떤 사람이 성인에게 "친구에게 도움이 되는 길이 무엇입니까?" 하고 묻자 이렇게 답했다. "내가 이치를 좇아 그대로 하면 모르되 이를 거슬러 죄를 짓는다면 나의 이런 나쁜 점을 곧바로 말해 주는 것이다. 간략히 말하면, 선한 행동을 하는 것에 대해서는 말을 적게 하고 실천을 많이 하도록 권하는 친구라면 이 친구가 참으로 도움이 되는 것이다. 친구가 악을 좇는다 할지라도 그를 따라하지 않을 수 있어야 한다. 순탄하거나 힘들거나 관계 없이 항상 나에게 아닌 것을 보고도 그럴듯하게 꾸며대고 나를 드러내는 말을 할 수 있다. 이렇듯 말로는 미친 듯하고 행동은 대충하게 된다면 이는 곧 손해를 끼치는 친구의 무리이므로 경계해야 할 바이다. 그러므로 지혜로운 어린이라면 친구를 사귀는 데 반드시 소홀히 해서도 안 되며 급하게 해서도 안 된다"고 하였다.

嗟夫, 德者乃生人之寶資也. 則其能益我以德, 甚乎能益我以財也. 西古名賢 色搦加云, 眞友之妙在乎, 彼以其長增補吾短, 使齊彼善, 又以吾長增補彼短, 使齊吾善, 若其無所取以補之, 則亦無所取於友之義也. 或問聖人以益友之道, 答曰, 順我於理, 逆我於罪, 直言吾惡, 簡稱吾善希言多行所許遂踐, 夫乃益友之眞者也. 可不從之乎. 若其無順逆之殊, 常飾吾非常揚吾是, 且狂於言而畧於行, 夫乃損友之徒也, 可不戒乎. 因是而幼之智者, 於結友必勿忽必勿速焉.

9.6

피타고라스(Pytagoras, 比達臥辣)는 상고시대 위대한 학자로, 항상 교우관계에 대해 경계하여 말하기를 "구차하게 손을 내밀어 친구를 취하지 마라. 대체로 인간의 성정이란 측량하기 어렵고 나쁜 친구를 변별하기란 어려운 일이다. 어찌 급하게 친구를 사귀리오"라고 하였다. 또 속담에 이런 말이 있다. "급하게 친구를 구하는 것은 후회를 면하기 어렵기 때문에 후회하면서 친구를 취하는 것은 친구를 취하지 않음만 못하다.”

지혜로운 자가 친구를 선택하는 데 조급해하지 않는 것은 만약 잘못이 있을까 해서다. 어리석은 어린이는 친구를 조급하게 사귄다. 이때 저지른 잘못을 면할 수 있을까? 이 때문에 선지자는 친구를 선택하는 데 반드시 피차간에 함께 식사를 하면서 면밀히 살펴본 다음 교우관계를 정하였다. 대개 오랫동안 시일을 두고 살펴보아 더불어 함께할 것인가, 피해야 할 것인가를 결정해야 한다. 서양의 고대사회 풍속에 어진 어버이와 지혜로운 스승은 어린이가 마음대로 친구를 사귀도록 맡기지 않으며 식사하는 데 제한을 두어 기다리지 않았다.

比達臥辣 上古之學宗, 嘗戒曰, 勿苟伸手而取友也. 盖人性情難測, 友之惡者難辨, 則豈可速交乎. 諺曰, 急於取友未免致悔, 取而旋悔不如不取矣. 智者擇友之遲, 猶有謬, 愚童 者於結友之速, 將免謬乎. 是以先知擇友, 必欲彼此同食, 鹽幾斛, 然後定交焉. 盖限以時日之久, 而因擇其所從, 與其所當避也. 若吾西古俗仁親智師, 多不許其幼任意取友, 又不待鹽食之限也.

9.7

친구와 함께 교우관계를 유지할 것인가를 스스로 결정할 때는 먼저 도움이 되는 부분과 해가 되는 부분을 살펴보아야 한다. 어떤 어린이가 대를 이어 아버지가 하던 일을 이어받을 뿐만 아니라 여전히 아버지가 권한 좋은 친구들과 상종했다고 한다. 이에 아버지는 그 어린이가 과연 충직하고 믿음직한 벗을 사귀는 효자인지를 시험해 보아 친구가 될 만한 좋은 자질이라면 오래 교분을 삼도록 하여 절교를 수긍하지 않았다고 한다. 그러므로 플라톤(Platon, 罷辣多)이 말하기를 "아버지가 돌아가시고 남기신 보물과 자산도 중요하지만 좋은 친구를 많이 남겨 주심만 못하니 어찌 이를 믿지 않으리오"라고 하였다.

플로티노스(Plotinos, 薄厄爵, 204-269)[55]라는 서양의 대선비는 친구가 환난을 당하여 궁핍하다는 소식을 듣고 위로하여 말하기를 "그대의 집안은 가업이 넉넉하기 때문에 비록 망한다 해도 믿음직한 친구들이 변함없이 있으니 걱정할 바 아니다"라고 하였다. 또 야고보(Jacobus, 若伯)[56] 성인이 말씀하기기를 "하루아침에 가업이 실패로 돌아가고 자녀가 압사하며 집이 무너져 많은 노복과 포로가 없어졌어도 세 명의 믿음직한 친구가 끝까지 그 곁을 떠나지 않는다면, 성경에서 말씀하신 바와 같이 금은처럼 귀중한 것도 믿음직한 친구와 나란히 할 수 없는 것이다"고 하였다.

乃自定所從友, 而先察其益與害焉. 若其幼者繼世, 非特承父之產業, 尚從父之善友. 盖父所己試忠信之友, 孝子以爲美資而終無, 故不肯絶也. 故罷辣多曰, 父卒而遺寶資之重, 於子, 大不如遺善友之衆, 豈不信哉. 薄厄爵西士大賢也, 向聞其友遭患窮困, 則慰唁之曰, 爾室豊業雖亡, 信友之衆, 仍在不必憂也. 若伯聖人一朝聞廣業敗, 毁子女壓死, 屋室傾頹衆僕虜亡, 乃有三信友者, 終不離於側, 則聖經所謂金銀之重, 不可例於信友者然矣.

9.8 이렇게 보건대 충직하고 믿음직한 친구가 이미 여러 명 있다 해도 내가 마땅히 교분을 할 만한 사람은 적은 것이다. 경에 이르기를 "천 가지 중에서 취할 바는 하나이다. 대체로 사물 중에서 귀하면서도 기이한 것은 반드시 그 수가 많지 않다. 그 수가 많으면 기이하지도 귀하지도 않은 것이다"라고 하였다.

예전에 어떤 사람이 아주 친한 친구와 어진 이가 자기에게 많다고 자랑하는 소리를 듣고서 이를 나무라면서 말하기를 "그대에게는 친한 친구가 없는 것이다"라고 하였다. 대개 친구가 많다고 하지만 처음에는 시험해 볼 수도 없고 친한 교분을 할 수도 없는 것이다. 마침내는 그리하여 많은 친구와 관계를 유지할 수 없게 되어 이렇듯 쉽게 모였다 쉽게 흩어진다.

세네카(Seneca, Lucius Annaeus, 色搦加)는 일찍이 말하기를 "내가 그 어질고 귀한 사람을 친구로 맞이하면 반드시 나의 좋은 점이 배가되어 돌아온다"고 하였다. 그러나 집 밖에서 많은 친구를 만나 반드시 좋지 않은 점을 배가시켜 돌아올 수도 있으므로 경계하지 않을 수 있겠는가.

以此觀之, 忠信之友, 旣有數也, 則吾所當交者寡矣. 經云, 千中取居其一, 凡物貴且奇者必不多, 多則不奇不貴矣. 昔者, 或誇以多密友, 賢者聞之, 卽譏之曰, 爾無密友矣. 盖友之多者, 初不可証試, 中不可密交, 終不可存保, 乃易合而易散矣. 色搦加氏嘗謂, 吾凡出而友彼賢之希者, 必倍吾善而歸矣. 室凡出而友所遇之衆者, 必倍吾惡而歸室矣. 可不戒哉.

9.9 도움이 되는 친구를 찾는 데는 오랜 시간이 걸리지만 한번 맺어지면 공고해져 큰 이유가 없으면 마침내 단절될 리가 없다. 옛말에 이르기를 "친구를 사귈 때 아무런 이유 없이 옛 친구를 버리고 새 친구로 바꾸는 것은 과거의 은혜를 잃는 것일 뿐 아니라 앞으로도 해를 입게 된다"고 했다. 어리석은 어린이는 교우관계의 방법을 몰라 매번 순조롭게 잘 따르면 서로 친하게 맺었다가 거슬리면 서로 헤어져 버린다. 예전에 지혜로운 자는 이를 음탕한 기녀에 비유할 정도였다. 친구와 교재함에 있어 받아들일 때와 버릴 때, 사랑할 때와 싫증이 날 때 가릴 것 없이 끝까지 친하게 지내는 특별한 방법이 있을 수는 없다. 이런 친구 사귀는 도를 아는 군자는 이미 사귄 친구가 덕으로 서로 맺어진 사이라면 오래 가지 않음이 없었다.

益友旣覓之久, 而結之固, 則無大故, 終不可絶也. 古言曰, 友之無故以新易舊者, 不但失往日之恩, 又將致害矣. 幼之愚者, 不知交友之妙, 乃每順則相結, 逆則相棄, 古智比之淫妓焉. 其與所交, 時容時棄, 時愛時厭, 而終未能有交之密者, 知道之君子旣友友之德, 未有不久者也.

10 휴식과 놀이

10.1 사람의 성품도 마치 활처럼 당겼다 놓았다를 여러 차례 하듯 하여 수선해야 한다. 그러므로 어떻게 착한 일을 하는 데만 노력하지 않을 수 있겠는가. 어린이의 기질은 약하고 심지가 아직 견고하지 못하여 한가롭게 노는 시간이 아니면 오래 집중하여 견딜 수 없다.

중세 신학자였던 토마스 아퀴나스(St. Thomas Aquinas, 德抹氏)는 말하기를 "인간이 배우는 것은 길을 가는 것과 같다. 쉴 틈도 없이 가야 할 정도로 길이 멀 수도 있다. 배움은 길고도 어려워 아무런 걱정 없이 놀면서 어떻게 이루어낼 수 있겠는가. 실을 급하게 당기면 끊어지는 법이다. 어린이가 배우는 데 있어서 지나치게 압박을 받으면 반드시 실패하게 된다"고 하였다.

서양의 옛 성현들 중에 여러 해 덕을 쌓은 이가 있었는데 그 이름은 제노(Jeno, 藉藉)[57]였다. 그는 틈이 날 때마다 작은 까마귀를 가까이서 데리고 놀았는데, 만나는 사람마다 그를 특이하게 여기기도 하고 가볍게 여기기도 했다. 이런 의심을 알아차린 그는 시종에게 활을 잡고 힘껏 당기라고 명하였고, 시종은 명대로 활을 잡고 여러 번 시위를 당겼다. 그가 또다시 수차례 당기도록 명하자, 시종은 멈추면서 "이렇게 하면 어찌 실패하지 않겠습니까?" 라고 물었다. 그러자 그가 말하기를 "그렇다면 활을 당기기를 여러 차례 하여 더 당길 수 없는 지경에 이르렀다 하자. 위대한 학문을 배우는 데 힘쓰려면 그런 나약한 힘의 한계를 넘어설 수 있어야 한다. 본래 성품은 확고하지만 활 당기는 것은 오래 감내하지 못할 수 있다. 이에 학업을 수행하는 데는 육체적 능력으로도 오랜 고통을 견딜 수 있어야 한다"고 하였다.

人性如弓一張一弛, 皆堪修繕, 豈能恒用力於正業乎. 若幼之氣質猶弱, 心志未堅則非閒戲間之, 弗能久也. 德抹氏曰, 人學如行路焉, 路遙而無歇息行可遠乎, 學長且難, 令無優游之時, 豈可成與線急牽, 定將斷, 幼者太迫於學, 必將衰. 西之古聖務修數載德, 名藉藉, 欲稍寛假遇小鵲摩弄之, 從者, 或異而輕之, 聖人識其疑, 遂命從者執弓引滿, 從者如命, 執而張數次, 聖人又命其復張數次, 從者辭曰, 若是也, 豈不敗乎. 聖人曰, 然則彀弓有數而分不可踰, 乃大學之務, 可越弱力之限耶, 本性確固, 猶弗堪久彀, 乃骨肉之性, 能久若于業乎.

10.2 비록 쇠기둥이라도 오래 갈면 바늘처럼 가늘게 된다. 바늘이 견고하고 예리하게 되려면 항상 얇고 정교하게 갈도록 노력해야 하듯이 인간의 재주와 힘을 사용하자면 어찌 과로를 면할 수 있겠는가. 그러므로 선지자들은 비록 배우는 어린이에게 엄하게 할지라도 합리적으로 그 능력을 헤아려 보아 반드시 쉬게 하거나 안색이 회복되도록 적당한 휴식(놀이)을 취하게 하였다. 그러나 한가한 때에는 조심하게 하여 감히 소홀하지 않게 하였다.

플라톤은 일찍이 말하기를 "일이 없을 때 어린이가 조심하게 해야 한다. 대개 어린이의 성품을 급박하게 한 나머지 적절한 때에 쉬게 할 줄 모르면 한가해져 지나치게 헤이해지거나 사치스런 마음이 일어나 학업으로 돌아갈 생각을 하지 않게 된다. 글을 배우고 아름다운 예술을 익히고자 하면 반드시 이를 잊어버리는가 살펴보아야 한다"고 하였다. 또 속담에 이르기를 "집이 오래되어 사람이 살지 않으면 먼지가 쌓이고, 도끼를 사용한 지 오래되면 둔해지며, 물이 오래되어 이동하지 않으면 냄새가 난다. 어린이의 마음도 오래 편안함에 안주하고 노력하지 않으면 이렇게 된다. 과거에 노력하여 공들인 것들이 무너지게 하지 않으려면 오히려 기름진 밭이라도 수고를 무릅쓰고서라도 열심히 관리해야 한다. 그렇지 않으면 헛농사가 되는 것이 보통이다"라고 하였다.

鐵柱恒磨, 輾細如針之堅厚, 恒踏薄微, 而人之才力常用, 豈能免于過勞乎. 故先知者, 雖嚴於幼學, 然以理量其力, 必使舒泰, 或寬逞顔色, 而從其當然之戲也. 但於閒暇時, 愼戒而不敢忽耳. 罷辣多嘗曰, 無事之時, 爲幼之所當謹也. 盖幼性迫急, 所爲不知適中, 至於閒暇, 或過佚翫, 或侈肆慾不思回業也. 向所習文學美藝, 必見亡矣. 諺曰, 屋久不居則塵, 斧久不擊則鈍, 水久不動則臭, 而幼心久寧不用, 將不失其前功, 與膏腴之田, 或翻勞之, 或空歇之, 農之常(恒)也.

10.3

적법하게 땅을 비우면 반드시 이익이 배가되지만 법이 아닌 것으로 땅을 비우게 하면 반드시 황폐하게 된다. 어린이는 늘 바르게 학업을 익히게 해야 하지만 약간의 휴식을 취하게 하는 것은 올바른 방법이다. 그러나 휴식이 길어지면 황폐해져 예전에 배운 것을 잃어버리게 된다. 왜냐하면 어린이의 성품에는 하기 싫어하는 바가 있어 열심히 한 후 쉬고 싶어 하기 때문이다. 비록 일찍 힘든 것을 익히게 한다 해도 편안해지면 반드시 여기에 고착되어 늦게 배운 것을 놓아 버리게 된다.

이렇기 때문에 옛 명현은 일찍이 말하기를 "여색과 한가로움을 시험해 보지 않은 사람은 오히려 바꿔가면서 경계해야 한다"고 하였다. 자신이 여기에 물드는지 시험해 보고 싶은 나머지 오히려 어려움만 더욱 심해질 수 있다. 그러므로 모든 지혜로운 자들은 항상 학업에 잠시 끊어짐 없이 한가한 때를 조심하기를 마치 원수같이 하여 감히 소홀히 하지 않았다.

但以法空之, 必無不倍益, 倘非法空之, 必荒敗矣. 幼者常習於正業, 而或稍休之義也. 倘得休歇之久, 必將荒而棄舊學矣. 何者, 幼之性, 未有不忌, 苦勞而就安樂者, 則雖早習於苦, 但至安樂, 必持之固而舍之遲也. 是以古之名賢嘗謂, 夫色與閒, 未試者猶易戒也. 若已試者, 而欲其不過宜, 難之甚矣. 故諸明智者, 學修之際, 常欲嗣業, 而不欲間斷, 常忌其閒暇如寇如讐, 而不敢忽焉.

10.4 성인이었던 제롬(St. Jerome, 日落泥抹)이 말하기를 "나는 일 있을 때 반드시 귀신과 마귀가 애교부리는 것을 조심한다. 그리고 하는 일이 없이 혼자 있을 때는 감히 이들과 싸움을 하지 않을 수 없었다"라고 하였다. 대개 귀신과 마귀는 적과 같다. 마귀가 침범하면 반드시 사람이 나태한 틈을 타서 귀한 재물에 손해를 입히기 때문이다. 그런데 배우기를 좋아하는 자는 자신과의 싸움을 놓지 않아 잠시라도 배우던 학업을 놓고 다른 일을 볼 때에도 반드시 한가한 때에 나태하지 않게 해야 한다. 이른바 혼자 있을 때 바르게 하기를 내가 한가로울 때에 한가로움을 모르는 것 같이 하라.

고대 시인이었던 호메로스(Homeros, 默襄德氏, BC ?-800)[58]는 항상 말하기를 "아픈 데가 없이 편안하고 한가로운 것보다는, 차라리 몸에 병이 들어 아플지라도 한가롭지 않게 하라"고 한 것이다. 대개 질병은 비록 고통스러운 것이지만 그것은 나의 육체에 한정될 뿐이다. 한가로울 때 나쁜 데 빠지게 되는 것은 이른바 일이 없을 때 대개 삿된 일이 시작되는 것과 같다.

日落泥抹聖人曰, 吾居有事之時, 未必忌鬼魔之巧媚焉. 乃獨于無業之隙, 則不敢不戰競也. 蓋鬼魔如賊寇焉, 必乘人懈而敗其貴資, 以故好學者不獲已, 而當稍閒, 姑舍所執之業而適他事, 必不敢懈於其閒焉. 正所謂吾於吾閒, 猶未知閒也. 默襄德氏古之工詩者也, 常云吾於閒暇而無疾, 寧抱疾而無閒也. 蓋疾雖虐, 苦吾肉體而已, 若閒者多溺心於惡, 所謂無事之時, 槩爲邪事之始.

10.5 서양의 여러 나라에서는 예로부터 규율이 있었다. 어린이가 한가히 놀면서 정해진 수업을 받지 않는 경우에는 반드시 벌을 주고 구금함으로써 안일하고 혼란스러운 습속에 빠지지 않게 하였다. 수학하는 어린이라 하여도 훌륭한 스승을 모시고 곁에서 한가롭게 즐기고 쉬는 시간이 정해져 있었다. 예전의 규율을 요즘 식으로 하면, 나이가 비슷한 친구들과 함께 힘을 합하여 수학하면 악기를 다룰 수도 있고

노래를 부를 수도 있고 시도 지을 수 있으며 변화를 익힐 수도 있고 축구도 할 수 있으며 사격과 검술, 승마도 배울 수 있었다. 만일 예가 아닌 놀이에 시간을 낭비하면 이를 허락하지 않았다.

어떤 성인이 이렇게 말한 적이 있다. "어린이가 기쁘게 노는 데도 도가 있다. 몸을 반듯하게 하고 뜻을 길러야 한다. 그러나 노는 데 도가 없으면 몸을 어딘가로 빠지게 하고 마음은 흩어지게 한다. 어린이가 처음에 바르게 교육을 받았는가를 살펴보아 항상 아침저녁으로 배움에 쉼 없이 힘쓰게 해야 한다. 어린이가 놀이에만 몰두하는 친구를 만나 친하게 사귀다 보면 마침내 배움을 잊어버려 아버지와 스승의 가르침을 듣지 않고 도움이 되는 친구도 돌아보지 않는다. 또 음식을 먹지도 않은 채 누워서 도덕을 생각하지 않고, 삶과 죽음에 대해 묻지도 않으며, 더불어 함께 하지 않는다. 오직 말하고 생각하고 꿈꾸는 것들은 널리 배우는 가운데 이루어지는 것이다. 이른바 널리 배우기를 좋아하는 마음은 대부분 몸 자체를 두고 하는 말이 아니라는 것은 옳다."

吾西數國, 從來有律, 凡遇童幼閒遊而無定業者, 必責懲拘囹圄, 不使荒佚而亂俗. 若其修學之童, 侍賢師之側, 有定時閒戲聊舒懷焉. 古規當此之時, 旣得齊年齊力, 倂齊其學, 則捬弄可也, 可歌謠也, 可作詩也可, 習變也可蹴, 踘也可較射可, 擊劒可騎馳也. 若其博擲等, 非禮之戲, 定不許焉. 聖人有言曰, 幼之喜戲有道, 必堅其體而養其志, 非道則溺其體而散其心, 試觀童幼初得正敎,常務於學昕夕不休, 令其偶值博徒, 而與之交密, 遂忘前學, 不聽父師不顧益友, 飲食廢置臥寐弗思, 道德不問, 生死不與, 惟言思夢想在博中, 所謂好博之心, 多不在本身是也.

10.6

삿된 풍속을 익히는 것은 배움에 해로울 뿐만 아니라 마음을 흩어지게 하고 뜻을 거역하는 것이며, 또한 본가의 가업도 파괴하고 다른 사람의 가산도 망하게 한다. 대개 두루 살펴보건대 아는 것이 많은 사람은 재산을 모으는 데 도움이 되지 않으면 수많은 재주와 간사한 모략으로 반드시 도적질할 마음을 내게 된다. 오늘 돌아가는 형국이 내일 다시 회복될 거라고 기대하지만 잃어버린 금전을 회복하지 못하고 마침내는 바라는 대로 결과에 이르지 못하게 되어 결국 더욱 손해를 보게 된다. 이렇게 가산이 소멸되는 것을 깨닫지 못하면서 탐하고 도적질하는 마음은 그래도 없어지지 않는다. 오히려 인간이 재물을 접하면 접할수록 순리로 얻지 않으면 반드시 강제로 빼앗기게 된다.

이렇기 때문에 어진 이들이 도적질한 자는 도적으로 욕을 보이는 벌을 주어 처리한 것이다. 또 말하기를 "한번 도적질을 하게 되면 도덕질을 좋아하는 많은 사람들과 더불어 함께하면서 대부분 하늘을 원망하고 의례를 손상하기에 국법과 효제를 둔 것이다. 그리하여 오상(伍常)[59]을 폐하고 좋은 풍속을 훼손하며 가업을 파산하고 재산을 빼앗기는 등 여러 가지 나쁜 것들이 모두 여기서 생겨난 것이다. 또한 여러 가지 악행에 대한 벌을 주는데 이렇게 벌을 주는 것 또한 마땅히 그렇게 해야 하지 않겠는가.

夫博之邪俗, 非惟害學而散心, 志抑亦破本家之業, 而敗他家之產也. 盖博非財不行, 則百計千謀, 必欲得所應賭之需耳, 今日所輸之數, 明日望復, 復其金而猶遂者, 望不止竟,終弗獲益復輸焉. 不覺漸消家產, 貪賭之心 尚未滅也. 反愈唾人之財物, 若未能順得, 必强奪之矣. 是以故, 賢論賭者于盜賊, 而以盜賊之僇罰處之也. 又曰一賭之事, 橥兼衆惡, 好賭者多悞怨天, 傷義禮, 骫國法, 置孝弟, 廢五常, 毁善俗, 敗家業, 奪民財, 是數者之惡, 皆從彼生也, 則亦以衆惡之罰罰之, 不亦宜乎.

10.7 서양의 여러 국가에서는 예로부터 도적질하는 사람은 반드시 무거운 형벌을 받게 했다. 그러나 채무를 진 사람을 수색하는 것은 허락하지 않았고 혹시 그 사람을 찾더라도 관에 알리고 돌려보냈다. 그러나 도둑을 유인하는 길은 모두 차단하고 도둑을 숨겨 주는 이들을 찾아내 반드시 무겁게 징벌하였다. 이처럼 도적질에 대해 엄하게 다스리는 것은 세간에 어리석은 어버이가 항상 자녀의 못나고 어리석음을 책망하거나 도적질로 집안을 망하게 하는 우환의 싹을 잘라버

릴 수 있을지 모르기 때문이다. 그렇기 때문에 오직 바르게 배우고, 남는 힘이 있으면 가까이에 있는 올바른 자를 불러 한가로이 놀지언정 모든 삿된 것을 익히는 데 빠지게 해서는 안 된다.

吾西諸國從古賭者, 必服重刑其賭者, 所得之債不許索之, 倘索得之其負者, 可以告官而反其人焉, 雖然, 又欲塞諸引賭之路, 則凡招引舍藏賭者之流, 必重懲之, 乃世俗親之愚者, 常怨其子之不肖, 或肆賭敗家, 而不知預止其將萌之患, 則惟于正學餘力, 引以閒戱之近正者, 勿令溺於諸邪習可也.

동유교육 하권을 마침.

童幼教育 卷下終.

註

1 알프스(Alps, 亞兒波氏) 지역. 오늘날 이탈리아, 오스트리아, 프랑스 등의 국경지대를 말함.

2 성경의 과묵에 대한 가르침, 잠언 10：19.

3 프로타고라스(Protagoras, 伯路大哥, BC 500-430): 고대 그리스의 철학자, 소피스트.

4 가롯 유다(Judas Iscariot, 假喩, ?-?): 예수의 열두 제자 중의 한 사람.

5 토마스(St. Thomas Aquinas, 篤瑪, 1225-1274): 중세 이탈리아의 가톨릭 신학자, 성인. 기독교 교리와 아리스토텔레스의 철학을 받아들여 독특한 신학체계를 세움.

6 그레고리(St. Gregorius, the Great, 厄肋我略, 540-604) 성인: 수도사, 전도사, 학자이자 작곡가.

7 비아스(Bias, 比亞氏): 솔론, 킬론, 탈레스, 파타코스, 클레오브로스, 페리안드로스 등과 함께 고대 서양 그리스의 칠현(The Seven Sages of Greece) 중 한 사람.

8 다윗(David, 達味, BC ?-961): 고대 이스라엘의 제2대 왕, 시인. 제사제도를 확정하고 예루살렘 중심 유대교를 확립.

9 파르메니데스(Parmenides, 巴拉搦, BC 544-501): 그리스 철학자.

10 아모세(Ahmose, 亞瑪洗): 상고시대 서양 이집트의 왕. 테베 17왕조의 왕인 세케넨레(Seqenenre)에게 두 아들로 카모세(Kamose)와 아모세가 있었다고 함.

11 厄日多는 서양의 이집트(Egypt)를 지칭함. 『직방외기』에서는 이집트를 阨入多로 표기함.

12 성경에 나오는 우정, 신뢰 내용과 유사한 구절은 집회 6:1, 6:7-10, 37:4, 잠언 20:19, 거짓 친절에 속지 말라는 내용으로는 사무엘하 15:1-6, 마테복음 11:12, 12:22, 마귀 귀신에 대한 내용으로는 히 2:14, 요 8:44, 계 9:11, 마 10:28, 요일 3:11-12, 누개 2:22-31, 잠언 4:16 등을 들 수 있다.

13 피타고라스(Pythagoras, 比達卧拉, BC 582?-497?): BC 6세기경 철학자, 수학자.

14 플라투스(Platus, 罷辣多氏, BC 254-184): 로마시대의 문학가.

15 리비아(Lybia, 利濟亞)는 오늘날 북아프리카의 리비아를 뜻함.

16 원문의 문학(文學)은 넓은 의미의 학문으로 이해하는 것이 옳을 듯하다. Catherine Jami의 "Image and Patronage"라는 논문에서도 European countries all cultivate Learning이라고 하여 문학을 모든 학문의 의미로 보기 때문이다.

17 솔론(Solon, 束繼, BC 638?-558?): 고대 그리스 아테네의 정치가. 그리스 7현인 중 한 사람.

18 솔로몬(Solomon, 撒羅滿古, ?-?): 유대(Judea, 如德亞), 즉 이스라엘의 제3대 왕.

19 사르곤(Sargon, Sharrum-kin, 洗日蒙篤, BC ?-705): 수메르 국가를 정복한 고대 아시리아 제국의 왕을 지칭함.

20 디오게네스(Diogenes of Sinope, 弟阿日搦, BC 412?-323): 고대 그리스의 철학자이자 키니크(Kynik)학파의 대표적 인물.

21 제논(Zenon ho Elea , 責諾, BC 490?-430?): 고대 그리스의 위대한 철학자.

22 성 바실리오(St. Basil the Great, 罷洗略, 330?-379): 서양의 위대한 성인을 지칭한다. 11월 28일이 그의 축일임.

23 투트모세(Thutmose III, 篤助某,BC ?-1426): 고대 이집트의 제18왕조 제6대왕. 재위 기간 아시아와 누비아에 수차례 원정을 통하여 광대한 영토와 전리품 획득하고 국력을 크게 번창케 한 국왕임.

24 이나시오 로욜라(Ignatius Loyola, 意納爵, 1491-1556): 에스파니아 수도사, 예수회 창시자.

25 어거스틴(St. Augustine, 奧悟斯丁, 354-430): 중세 철학자이자 신학자, 성인.

26 바오로(St. Paul, 保祿) 교황.

27 여기서 이 원고는 서학에 대한 원고로, 십칠 년 전에 탈고되었다면 『동유교육』을 쓴 것이 1620년이니까 그로부터 십칠 년 전인 1603년이 된다. 이는 바뇨니가 중국에 도착한 해이다. 그렇다면 1603년 중국에 도착해서 곧바로 서학에 대한 부분은 초고를 해두었다는 의미가 된다.

28 여기서는 泰西之文이라고 하여 문학을 다섯 가지(사물과 인간의 때에 따른 형세와 언어의 원리, 선후의 순서, 옛 언어를 아름답게 꾸밈, 의론을 익혀 암기, 변론 등)를 들고 있는데 알레니(G. Aleni)는 『서학범』에서 문과평가의 방법으로 다섯 가지를 들고 있다. 즉, 원리 통달, 수집된 자료의 선후 안배, 윤식, 기억, 의논 등을 들고 있어 대체적으로 일치하고 있다.

29 여기서 문학은 수사학(Rhetorica)을 의미한다.

30 필로소피아, 즉 철학(philosophy, 費羅所非亞)을 말한다. 『直方外紀』에서는 斐祿所費亞, 理學이라고 표기됨.

31 논리학(Logic, 落熱加)을 의미함. 『直方外紀』에서는 落日加를 譯言明辯之

道라고 정의함.

32 자연과학(Physica, 非西加)을 의미함. 『直方外紀』에서는 費日加라고 함.

33 기하학(瑪得摩弟加, Mathmatica). 『直方外紀』에서는 譯言察幾何之道. 審究形物之分限者라고 정의함.

34 형이상학(Metaphysica, 黙大非西加). 『直方外紀』에서는 黙達費西加라고 표기함.

35 윤리학(Ethica, 厄第加)을 의미함.

36 바뇨니는 형이상학을 黙大非西加라고 한 반면 알레니는 黙達非西加라고 표기했다. 그러나 이는 소리나는 대로 옮겨 적은 차이일 뿐 의미전달에는 큰 차이는 없는 것으로 본다. 왜냐하면 두 사람 모두 형이상학은 察性以上之學, 즉 성품 이상의 것을 탐구하는 학문 분야라고 하기 때문이다.

37 바뇨니는 형이상학이 성품 이상의 이치를 탐구하는 학문 분야이며 형태가 있는 모든 사물의 근본원리와 우주 만물을 분석하는 것이라 하였다. 여기에는 두 가지 종류가 있는데, 하나는 자립자요 다른 하나는 의뢰자로, 이를 다시 아홉 가지로 분류하고 있다. 이를 알레니는 십종론(十宗論: 의뢰자의 하위 영역으로 幾何, 相接, 何狀, 作爲, 抵受, 何時, 何所, 體勢, 得用 등)이라고 명명했다.

38 여기서 윤리학을 수신, 제가, 치국으로 분류한 양식은 알레니도 마찬가지로 수제치평지학이라고 하여 공유되고 있음을 알 수 있다. 이런 분류방식은 아마도 유가의 대학에 나오는 삼강령 팔조목에 나오는 부분과 아리스토텔레스의 정치학에서 분류한 것과 일치되는 내용을 수용해서 소개한 것으로 판단된다.

39 바뇨니는 신학을 陡羅日亞라고 표기한 반면 알레니는 道科, 즉 陡祿日亞라고 하여 超生死之學이라고 하였다. 신학의 내용을 네 가지(천주본체론, 삼위일체론, 천지만물 창조론, 구원론 등)로 분류하고 있고, 알레니는 한 지

류만을 언급하고 있으나 이 모두 토마스 아퀴나스(Thomas Aquinas)의 『신학대전(*Summa theologica*)』을 소개한 것으로 본다(高祖敏明, 艾儒略 著, 『西學凡』の教育的 硏究, 『上智教育學硏究』, 2號, 上智大學校 教育學硏究會 編, 1973, 53쪽).

40 알레니는 이를 일러 '천주의 본체론'이라고 하고 있다.

41 알레니는 이를 삼위일체론으로 설명하고 있다.

42 아낙사고라스(Anaxagoras, 亞訥加氏, BC 500-428): 고대 그리스의 철학자.

43 아게실라우스(Agesilaus, 亞日西老, ?-?)는 서양 고대 스파르타의 이름난 장군.

44 서해 섬 델로스(Delos, 達瑣)의 지명.

45 카이로(Cairo, 加肋諾) 대학은 이집트의 대학을 지칭함.

46 因多는 『直方外紀』에서 인도는 印弟亞, 印度亞라고 표기된 것으로 보아 여기서 인다는 인더스(Indus) 강 지역의 국가들로 메르가르, 하라파, 모헨조다르, 로탈 등이다.

47 어거스틴(Aurelius Augustinus, 娛惡斯多, 354-430): 서양 고대의 위대한 철학자. 원문에서는 "西古賢王"이라고 설명하고 있는데 이는 서양의 고대 그리스도교가 낳은 위대한 철학자, 사상가를 존칭한 것으로 이해됨.

48 冶容誨淫(『周易』, 下, 繫辭傳 上, 336쪽).

49 데모크리토스(Demokritos, 德抹納, BC 460-370): 상고시대 그리스의 유명한 철학자.

50 제롬(St. Jerome, 日落泥抹, 347?-420): 성현. 성경을 라틴어로 옮기는 업적을 남김.

51 버나드(St. Bernard of Clairvaux, 伯兒納, 1091-1153): 꼴레보르의 수도원장. 중세 신앙에서 신비설의 건설자로서 스콜라철적인 변증법을 배척한 중세 서양의 성인.

52 이피크라테스(Iphicrates, 意非加厄罷迷): 고대 아테네의 지장(智將).

53 교우관계와 유사한 성경말씀으로는 잠언 13:20. "지혜 있는 자와 동행하면 지혜를 얻을 것이요, 우매한 자와 동반하면 반드시 수고로움을 얻을 것이다."

54 프로타고라스(Protagoras, 伯路氏, BC 500-430): 그리스의 소피스트 철학자. '만물의 척도는 인간이다'라는 유명한 명제를 남김으로써 엘리아 학파의 자연철학에 반대의 입장을 보임.

55 플로티노스(Plotinus, 薄厄爵, 204-269): 고대 서양의 신플라톤학파의 대표적인 학자.

56 야고보(Jacobus, 若伯): 성인. 예수의 열두 제자 중의 한 사람.

57 제노(St. Jeno, 藉藉, 371-?): 이탈리아 베로나 지역에서 활동한 성인.

58 호메로스(Homeros, 黙囊德氏, BC ?-800): 고대 그리스의 시인. 서사시 『일리아스』와 『오디세이아』의 작자이다.

59 오상(伍常)은 인의예지신(仁義禮知信)을 의미함.

부록: 『동유교육』 해제

바뇨니는 누구인가?

저자 바뇨니(P. A. Vagnoni, 高一志, 1566-1640)는 이탈리아 출신의 예수회의 전교사이다. 高一志는 중국명이다. 명 · 청대 유럽에서 중국에 파견된 전교사는 도미니꼬회, 프란시스꼬회, 아우구스티노회 및 견사회(遣使會), 파리외방전교회, 교황청 전신부 염삼파(冉森派) 등 천주교 여러 단체에 소속되어 있었다. 대략 이 기간에 1,200-1,500명의 서방 선교사가 중국에 입국했으며 그중 예수회 선교사는 대략 800명 정도에 이르렀다(『부산교회사보』 60, 2008: 44)고 한다.

그러나 예수회에 소속된 바뇨니가 어떤 인물인가에 대해서는 당시 아시아에 파견된 다른 전교사들에 비해 잘 알려져 있지 않다. 더욱이 우리에게는 익숙하지도 않은 인물이다. 그런데도 우리나라에 소개된 서학자료 중 그의 저서가 차지하는 비중은 매우 높다. 총 9종 정도가 확인되는데 이는 마테오 리치(11종)에 이어 가장 많기 때문이다.

당시 중국 사회에 알려진 그의 최초 이름은 왕풍숙(王豊肅)이라는 한자로 표기된 이름이었는데 이는 그의 세례명인 Alphonsus의 한역 이름이다. 費賴之의 『在華耶蘇會士列傳』에 의하면 그의 자는 一元, 泰穩 등으로 알려진다. 후에 고일지(高一志)라고 개명한 이름이 가장 널리 알려진 그의 한자 표기 이름이다. 물론 그 외에도 고칙성(高則聖)이라는 이름으로 소개되기도 한다. 그런데 왜 이와 같이 다양한 한자 이름을 사용했는가에 대한 배경은 분명하지 않다. 다만, 당시 교난(教難)을 피해 불가피하게 그런 여러 가지 이름을 사용할 수밖에 없지 않았나 생각될 뿐이다.

예수회는 1534년 이나시오(Ignacio de Loyola, 依納爵, 1491-1556)에 의해 창립되었고, 1540년 교황 파울루스 3세(Paulus III, 保羅, 1534-1549)가 비준한 교단이다. 특히 이 교단이 교육을 통해 끼친 영향은 주목할 만하다. 중국에 온 선교사들이 당시 중국어로 다방면에 걸쳐 많은 저서를 간행하게 된 배경은 그들의 교육배경과 무관치 않기 때문이다. 바뇨니도 예외는 아니다. 이들 선교사들이 학술적 선교 전략이 가능했던 것도 바로 이런 교육적 배경에 기초했다고 보아도 무리는 아니다.

바뇨니는 18세에 예수회에 가입하여 1603년(37세) 중국을 향해 출발, 1605년에 마카오에 도착하였다. 이어 그해 남경에 도착했다. 그로부터 그가 남경에서 체포당하기까지 약 39년을 보낸 샘이다. 1611년, 불과 그가 중국에 온지 10년이 채 안 되는 기간 내에 성당을 신축하여 낙성을 보게 되자 이를 문제 삼는 무리들이 나타나 마침내 교난(教難)사태가 발생했다. 그는 1916년 남경교난의 주범으로 몰렸다. 심관은 남경교난의 일으킨 인물이다.

그가 올린 疏를 보면 다음과 같다. 첫 번째 소(만력 44년 5월/1616)로 '그들이 말하는 것을 들으면 인심의 음란함을 침습합니다'라고 적고 있으며, 두 번째 소(만력 44년 8월)에서는 '神姦'이라고 칭했다. 이로 인하여 남경에서 체포되어 구금당하다 1616년 광주에서 마카오로 옮겨지게 되었다. 이때 이름을 고일지로 개명한 것으로 확인된다.

이로부터 바뇨니는 수년간 저술에 전력하면서 서구 학문을 가르치는 데 주력했다. 이 자료도 이때 저술된 것 중의 하나이다. 1624년 교난이 평정되자 바뇨니는 명을 받아 산서, 선화, 항주 등지에서 전교활동을 전개하여 성과를 거두었으나 숭정7년(1536) 큰 기근이 몰아온데다 이자성(李自成, 1606-1645)의 난(1630-1640년대)이 발발되자 그는 각방으로 돌아다니며 구원활동을 했다. 이런 가운데 그동안 누적된 피로로 발병하여 마침내 숭정13년(1640) 4월 74세를 일기로 사망했다고 전한다. 이 자료를 간행한 것은 1620년으로 그의 나이 이미 54세 때였다. 준비하는 기간을 전후로 계산하면 50대 전후로 그가 중국에 온지 15년에 이르는 가장 원숙기에 이 저서를 당시의 중국어로 집필한 셈이다.

이탈리아 태생의 예수교회 사제로 그의 약력과 저서를 徐宗澤의 『明淸間耶蘇會士譯著提要』(上海書店, 1949)과 方豪의 『中國天主教史人物傳』(中華書局, 1988)에 근거하여 간략하게 정리하면 다음과 같다. Louis Pfister(費賴之)의 『入華耶蘇會士列傳』(臺北: 商務印書館, 1938)에 의하면 一元은 풍숙의 자였으며 泰穩이라도 했다고 한다. 그러나 일원은 이름으로 사용된 자는 아닌 듯하다.

바뇨니 연보

- 1566년 이탈리아 Trapani(特洛伐雷洛) 출생.
- 1584년(18세) 예수회 가입.
- 1603년(37세) 4월 성 요한호로 중국을 향해 출발.
- 1605년(39세) 7월 마카오를 거쳐 남경에 도착.
  남경 선교책임자인 포르투갈 출신 Alvare de Semedo (1585-1658/중국명 謝務祿, 후에 曾德昭로 개명)와 함께 선교활동에 진력.
- 1611년(45세) 남경에 새로운 성십자 성당 신축 봉헌.
- 1616년(50세) 5월 남경교난 발생.
  沈漼에 의해 야기된 남경교난으로 체포 감금됨 (1616년 양력 8월 20일).
  第一疏(만력 44년 5월), 第二疏(만력 44년, 음 7월 21일), 第三疏(만력 44년 12월)
- 1616년(만력44) 12월 28일 청 정부의 출국명령 반포.
- 1617년(만력45년/51세) 광동에서 해금. 錢塘, 楊廷筠 등의 비호를 받음.
- 1618(만력46년/52세) 마카오로 압송.
- 1624년(58세) 남경교난이 평정되자 '왕풍숙'을 '고일지'로 개명, 산서 강주로 파견.
  산서 강주 지역에서 약 14년간 이자성의 난(1630-1640) 발발에 따른 난민 구호와 교화에 진력.

- 1640년(74세) 누적된 피로로 강주에서 입적. 한림 형제가 치상을 했다고 전함.

저서

聖教要理(教要解略, 1626) 絳州, 聖母行實(1631) 3권 絳州, 聖人行實(1629) 7권 武林, 天主教聖人行實(1626) 7권 絳州, 天主聖教四末論(1640) 4권, 則聖十篇(1626) 1권 福州, 勵學古言(1632), 西學修身(1630) 5권, 西學治平(1630) 4권, 西學齊家(1630) 5권, 民治西學(1935, 민국24) 2권, 童幼教育(1620) 2권, 寰宇始末 2권, 譬學警語(1633) 2권, 神鬼正紀(1633) 4권 絳州, 空際格致(1688) 2권, 達道紀言(1636) 2권, 四末論 4권 斐錄彙答(1636, 숭정9) 2권, 十慰 1권 絳州, 推驗正道論 1권 등이다. 20여 종의 한역서학서를 저술함.

조선에 전래된 서적으로는 四末論 4권, 勵學古言(1632), 西學修身(1630) 5권, 西學齊家(1630) 5권, 童幼教育(1620) 2권, 寰宇始末(1637) 2권, 譬學警語(1633) 2권, 達道紀言(1636) 2권, 斐錄彙答(1636) 2권 등 아홉 종이 있다(『外奎章閣奉安册寶譜略誌狀御製筆及藏置書籍形止案』 乾隆47년: 정조6년: 1782 참조).

들어가는 말

중국에 아동교육 관련 저서가 출현한 것은 양한 육조시대까지 소급해 볼 수 있다. 한편 우리나라에 널리 알려진 아동교육의 대표적인 사례로는 주희(朱熹, 1130-1200)의 『小學』(1183-1187 편집)을 든다. 한편 명 · 청대에 접어들면 서구 문화와의 교류에 따라 동아시아에 서양교육 관련 자료가 소개된다. 특히 동아시아 사회에 알려진 대표적인 자료로는 알레니(G. Aleni, 愛儒略, 1582-1649)가 지은 『西學凡』과 『直方外紀』(1623)를 들 수 있다. 전자는 주로 일본에, 후자는 주로 조선에 소개되었고 당시 일정한 비판적 논의(愼後聃의 『西學辨』)의 대상이 되기도 했다. 그러나 이들 자료는 교육 일반 또는 고등교육에 제한된 성격을 띠고 있다.

이에 반하여 바뇨니가 지은 『童幼教育』(1620)은 아동교육서이다. 이 『동유교육』은 상 · 하 두 권으로 되어 있는데 서문에서 밝힌 바와 같이 윤리학의 한 분야로서 서구의 아동교육을 소개하고 있다. 그런데 바뇨니가 저술한 책 중에 아동교육과 관련된 또 다른 저서로는 『제가서학』(1630)을 들 수 있다.

이 책에서 제가의 범주로 네 가지를 들지만 역시 주류를 이루는 것은 부부와 자녀교육이다. 『동유교육』에서 '童幼'의 개념은 오늘날 아동에 해당된다고 보아도 큰 무리는 없다. 물론 명확한 구분을 정해 놓고 사용한 것은 아니다. 때로는 孺子(십 세 미만),

孩子(아이). 幼者, 小童, 童幼를 혼용하고 있기 때문이다. 따라서 동유교육이라는 표현에는 대체로 어머니 태아에서부터 15세 이전까지 교육을 망라한다. 그럼에도 불구하고 저자는 부모의 혼인부터 고려하고 있는 점이 특이하다.

이 책의 서문을 쓴 한림(韓霖)은 서문에서 이 저서의 내용이 주희의 『소학』에서 다룬 내용과, 그리고 허문정공(許衡, 1209-1281)의 『소학』에서 다른 내용들과 부분적으로 부합된다고 하였다. 또 한 가지 주목할 바는 이 저서는 한역서학서로 우리나라에도 소개된 점이다. 강화부외규장각(江華府外奎章閣, 1782) 목록에 『동유교육』 2책이 다른 서적(총 9종)과 함께 소개되고 있기 때문이다. 따라서 적어도 규장각 설립(1776) 이전에 이들 서학자료가 유입되었을 것으로 유추해 본다. 여하튼 『동유교육』은 적어도 이 땅에 소개된 최초의 서구 아동교육서라고 할 수 있을 것이다. 따라서 이 아동교육서는 당시 동아시아에 소개된 서구의 아동교육에 대한 일모를 확인하는 자료가 될 것으로 기대된다. 물론 이 한역서학서 저술의 배경을 보면 당시 가톨릭 선교의 목적을 전혀 배제할 수는 없다.

다만, 아쉽게도 이 자료가 외규장각 목록에만 존재할 뿐 실자료는 소실되어 존재하지 않는다. 따라서 여기서 소개하는 『동유교육』 원문 자료는 타이완의 보인(輔仁)대학교 신학대학에서 鐘鳴旦, 杜鼎克, 黃一農, 祝平一 등이 영인하여 펴낸(1996) 『徐家匯藏書樓明淸天主教文獻』에 포함된 필사본과 『제가서학』 목판본, 그리고 『法國國家圖書館 明淸天主教文獻』(2009) 제1권에 실린 齊家西學 卷之三(동유교육 하권)을 그 저본으로 하고 있다. 그 밖에 주희 『소학』은 『欽定四庫全書』 子部에 실려 있는 『御定小學集註』(宋 朱熹 撰, 明 陳選 集註: 雍正5년, 1727년)와 許文正公(許衡)의 『小學大義』는 『欽定四庫全書』 集部 魯齊遺書 권3에 실린 것을 각각 저본으로 삼았음을 밝힌다.

『동유교육』의 구성과 내용

이 책은 상 · 하 두 권의 필사본(26×18cm)으로 각권 10개 항목씩 총 20개 항목으로 구성되어 있으며, 16자×9줄×183쪽=총 26,352자 분량이 된다. 대체적인 내용을 보면 상권은 교육 일반에 관한 내용을, 하권은 언어 · 쓰기 · 의식주 · 교우관계 · 놀이 등 일상생활과 관련된 내용으로 각각 구성되어 있다(〈표 1〉 참조).

그리고 이 저서는 당시 한인 사대부들과 서양 선교사들의 교열을 받아 간행함으로써 당시 지식인층의 지지를 받으려고 노력한 흔적이 보인다. 내용 구성의 순차를 보면 序, 訂閱, 上, 下卷의 내용 순으로 구성되어 있는데 먼저 주목할 만한 것은 서문과 교열이다. 서문은 당시 한인 사대부였던 한림(韓霖)이 쓰고, 정열(訂閱) 이른바 교정은 서양 선교사 네 명과 중국인 두 명이 각각 담당함으로써 서양 선교사와 당시 서학을 지지하는 사대부들의 교열을 받아 간행되었다. 이렇게 함으로써 중국 내외에 이 저서를 유포하는 데 유리한 기반을 다질 수 있었다. 그런데 『동유교육』에는 두 가지 판본이 존재하는 것으로 확인되었다. 하나는

『동유교육』의 내용

구분	주제	내용	구분	주제	내용
上卷	教育之原	부부의 혼인	下卷	緘默	침묵(언어)
	育之功	보모 관련 내용		言信	신의
	教之主	부모의 역할		文學	글 배우기
	教之助	교사론		正書	바른 책
	教之法	교육하는 방법		西學	서구교육
	教之翼,	상벌의 균형		飮食	섭생
	學之始	배움의 시작		衣裳	의복
	學之次	배움의 순서		寢寐	취침 교육
	潔身	순결교육		交友	교우관계
	知恥	부끄러움 교육		閒戲	휴식 및 놀이

1620년 판의 필사본이며 다른 하나는 1624년 목판본이 그것이다. 전자에는 한림의 서문이 있는 반면 후자에는 서문이 없다. 그렇지만 내용에서는 약간의 차이가 존재할 뿐 대체적으로 대동소이하다. 여기서는 필사본의 내용을 중심으로 저술의 내용을 개략적으로 살펴보면 위 표와 같다.

아울러 이 한역서학서 저설의 내용을 간략하게 소개하면 다음과 같다.

첫째, 이 저서는 서구 윤리학, 가정교육, 아동교육에 관한 내용을 소개하고 있다. 한림의 서문에 의하면 동유교육은 서양 철학의 한 지류인 윤리학 중 제가, 즉 가정윤리의 하위 내용 중의 하나라고 밝히고 있다. 이 말은 『동유교육』이 오직 아동교육서만은 아니고 수제치평을 다 담고 있다는 의미이다. 그런 의미에서 서문 말미에 『동유교육』이라는 저서를 윤리학 전서로 해도 될 것이라고 한 것은 넓은 의미의 윤리학적 관점을 전제로 하고 있다는 의미이다. 그러므로 이 책의 성격은 서구 윤리학, 그중에서도 가정교육의 한 분야를 소개하고 있다고 할 수 있다. 특히 학령 전 아동교육까지 포함하고 있는 점이 주목을 끈다.

둘째, 동서양의 가정윤리에 대한 비교를 통해서 새로운 가정윤리의 모형을 탐색하는 데 도움을 주고자 한 의도가 있다. 『동유교육』의 내용 일부가 주자의 『소학』과 부합되는 부분은 특히 경신편의 내용이다. 경신편 내용이 대체로 마음가짐, 몸가짐, 의복, 음식 등 수양과 관련된 내용이라면 바뇨니의 『동유교육』 하권의 내용(緘默, 言信, 文學, 正書, 西學, 飮食, 衣裳, 寢寐, 交友, 閒戱)도 이와 부합되는 내용들로 구성되어 있기 때문일 것이다. 이렇게 본다면 『동유교육』도 주희 『소학』이 목적한 바와 같이 일상생활의 규범윤리를 담고 있다는 점에서 어느 정도 일치한다고 할 수 있다. 그럼에도 불구하고 중국의 전통적인 가정교육의 내용에 대하여 비판적인 시각도 없지 않다. 중국의 혼례문화 중 배우자 선택을 할 때 당사자 의견보다는 성명(星命)에 의지하는 부분을 비롯하여 축첩, 조혼제도 등을 비판하고 있다. 이런 비판적 시각 위에서 혼인제도의 대안으로 오늘날의 그것과 유사한 이른바 당사자의 의견을 중시하는 혼인제도를 제시하고 있다. 이렇게 함으로써 동서의 아동교육에 관한 내용의 대비를 통하여 새로운 대안 모형을 찾는 데 도움을 주고자 한 의도를 엿볼 수 있다.

셋째, 이 저서는 넓게 보면 서구의 아동교육, 좁게 보면 17세기 이전의 예수회 소속의 기독교 문화와 관련된 아동교육을 소개함으로써 기독교 전교의 목적을 띠고 있는 부분도 확인된다. 당시 예수회의 교육은 1599년 발표된 『예수회 교단의 교육규정』(Ratis atque institutio studiorum societatis)에 근거하고 있었다. 중국에 파견된 예수회 소속의 또 다른 사제였던 알레니(G. Aleni)가 쓴 『서학범』, 『직방외기』(1623) 등에 소개된 서구 교육의 내용과 바뇨니가 이 자료에서 소개한 그것도 크게 다르지 않다. 이로 유추해 보면 이들이 소개한 서구교육은 좁게는 예수회의 교육의 범주를, 넓게 보면 구라파 교육에 대한 소개의 범주를 벗지 않고 있다고 본다. 그 밖에 서문 목차에 이어 이 저서에 직간접적으로 참여한 사람들의 명단이 확인되는데 대부분 예수회 동료들이다[費奇規(P. Gaspard Ferriera, 1571-1649), 龍華民(Nicolaus, Longobardi, 1559-1654), 鄧玉函(Joannes Terrenz, 1576-1630), 陽瑪諾(Emmanuel Diaz, 1574-1659)]. 뿐만 아니라 내용에서도 전교의 목적을 확인할 수 있는 부분도 있다. 유가의 인과 천주를 공경하는 것을 같은 의미로 이해하여 기독교적 관점에서 이를 정당화하려는 의도로 보인다.

맺는 말

이제 『동유교육』이라는 저서가 우리에게 시사하는 바가 무엇인가를 정리해야 할 시점에 왔다. 주지하듯 동아시아에 아동교육서는 대부분 유가철학에 근거했다면 이 자료는 좁게는 기독교 문화에 넓게는 서구 문화에 뿌리를 두고 있다. 이것이 한계라면 한계가 될 수 있다. 그럼에도 불구하고 동아시아의 그것과 유사점도 있고 다른 점도 없지 않다. 여기서는 후자를 중심으로 시사점을 정리해보기로 한다.

첫째, 아동교육에 있어 교사와 부모교육을 강조하고 있다. 특히 부모의 역할, 가르치는 주체를 부모로 본 점, 교사의 노력을 강조하고 있다. 서구의 윤리학, 가정교육의 관점에서 동유교육을 "齊童幼"라 하여 부부와 함께 가정교육의 범주 중에 중요한 일부로 인식하고 있다. 주지하듯 전통사회에서 아동교육은 부모나 성인의 몫이지만 당시 적어도 15세기 전후로 한 서구의 아동교육에서는 부모교육을 맨 먼저 들고 있는 점이 주목을 끈다. 다시 말하면 아동교육, 자녀교육의 출발점을 부모교육으로부터 본 점이다. 물론 오늘날에도 부모교육을 언급하고 있지만 엄밀한 의미에서 결혼 후의 부모교육에 비중을 두는 편이다. 이에 비하여 이 자료에서는 부모교육의 시발점을 결혼으로부터 보아 결혼의 중요성, 조건 등을 상세히 다루고 있는 점은 아동교육에 출발점으로서 부모의 역할을 세삼 강조하고 있는 바로 우리에게 시사하는 바가 크다.

둘째, 동서 교육문화의 교류의 측면에서 그 의의를 찾을 수 있다. 이 자료는 서구 교육문화에 대한 소개를 겸하고 있다. 서구의 인물, 명언, 속담, 성경 들이 거의 대부분을 차지하고 있지만 이를 통해 서구 교육을 직간접적으로 다루고 있다. 물론 중국의 고전도 일부 소개되고 있지만 주자 『소학』에서 인용한 그것과는 크게 대조를 이룬다. 이들을 통하여 서구의 문화와 교육을 아시아 사회에 소개함으로써 동서 문화의 교류에 기여한 바 크다고 본다. 문제는 우리의 태도이다. 우리나라에서도 서구 교육에 대한 비판적 논의가 처음 일어난 것은 신후담(愼後聃, 1702-1761)에 의해 저술된 『서학변』(1724)을 통해서다. 이 자료는 당시 우리나라에 소개된 알레니의 『직방외기』(1623)라고 하는 한역 서구교육서에 대한 유가 성리학적 관점의 비판서이다. 요즘처럼 지구촌 시대에 외래문화와의 교류는 불가피하다. 문제는 일방적인 전달이나 수용, 또는 맹목적 비판보다는 발전 지향적인 비판적 논의가 요구된다. 그렇다고 『서학변』에 비판적 시각이 그와 같은 맥락이라고 단언하는 것은 아니다. 여하튼 이 자료를 통해서 우리가 반추해 보아야 할 바는 과연 지구촌 시대에 외국의 교육문화와의 교류를 어떤 시각 위에서 전개해야 할 것인가이다.

이 저서에는 서구의 학문에 대한 소개도 한 절로 다루고 있다. 서양의 문과에 다섯 가지 하위 영역(然泰西之文總歸于伍)과 아울러 문과를 다 배운 후 학문 분야로 세 분야를 드는데(법률학, 의학, 철학) 이런 서구 학문의 소개는 이후 알레니가 『서학범』(1623, 杭州刊行)에서 소개한 바와 대동소이하다.

셋째, 동서 아동교육의 만남과 다름을 시사함으로써 새로운 이해의 지평을 열고 있는 점이다. 한림(韓霖)이 서문에서 이 자료의 일부가 주희 『소학』의 경신편과 부합되는 바 많다고 했다. 경신편의 내용이 마음가짐(明心術之要), 몸가짐(明威儀之則), 옷차림(明衣服之制), 음식(明飮食之節) 등으로 구성되어 있는데 바뇨니의 『동유교육』 하권에서도 역시 이와 같은 내용의 항목이 언급되고 있기 때문이라고 본다. 따라서 두 자료가 대체로 아동의 윤리적 규범교육을 담고 있는 점에서는 대동소이하다고 본다. 다만, 『소학』은 유가윤리에 바탕을 두었다면 『동유교육』은 서구 기독교윤리 또는 서구 윤리에 바탕을 둔 점이 다르다.

동서 문화 간에 아동교육의 내용에 있어서 다름으로 확인되는 것 가운데 흥미로운 것은 부모를 대신하여 자녀를 양육할 사람의 선정 기준에 대하여 『소학』에서는 "성품이 너그럽고 인자하며 온화하고 공경하며 행동이 조심스럽고 말이 적은 사람"(寬裕慈惠 溫良恭敬 愼而寡言者)을 들고 있는 데 반해 『동유교육』에서는 "구차하지 않고 여색과 술에 빠져서도 아니 되며 적절한 언어 사용을 하는 사람"(已招迎乳母, 愼擇之可矣. 盖首欲擇其善懷抱者, 而不敢苟且, 次欲其不迷於色, 不迷於酒, 不病於言)으로 요구하고 있다.

또한, 수신(修身)과 제가(齊家)의 구분을 엄격히 하는 데 어려움이 없지 않지만 바뇨니는 아동교육을 제가의 차원에서 접근하고 있다. 齊家라는 개념은 『대학』에 팔조목의 하위항목에 나온다(格物, 致知, 誠意, 正心, 修身, 齊家, 治國, 平天下). 이 기준에 비춰 보면 『소학』은 분명 修身의 기본서라고 할 수 있다. 반면에 『동유교육』은 齊家의 관점에서 아동교육을 다루고 있는 점이 다르다. 그리고 중국 고대 철학에서 본말론은 『대학』에 "物有本末하고 事有始終하니 知所先後면 則近道矣"에서 비롯되는 것으로 여기서 本은 明德을 末은 新民을 가리키는 데 반하여 『동유교육』에서는 "먼저 그 근본을 세운 다음에 그 끝에 미치는 것이며 그 근본이란 인이다(先立乎其本而後及其末 本者仁也)"라고 하면서 부모에게 효하고 다른 사람을 자신과 같이 사랑하는 도덕적 규범의 준수와 실천이 하나님에 대한 신앙과 절대자에 대한 사랑이 아니라면 그 가치와 의의를 상실하게 된다고 하여 해석을 달리하고 있다.

그 밖에 아이를 교육하는 방법으로 상벌(教之道, 教之翼)과 순결교육(潔身), 기독교 윤리에 근거한 아동교육(學之始) 등을 소개한 점을 들 수 있다. 물론 『소학』에서도 세 가지 덕과 여덟 가지 형벌, 다섯 가지 형벌의 방법 등을 언급하고 있다. 그러나 엄밀히 말하면 이는 아동들을 대상으로 한 벌은 아니다. 『동유교육』에서는 "아이를 통제하는 좋은 방법으로는 상과 벌이 있다. 가르치는 것은 다스리는 것보다 더욱 어려우므로 상과 벌 두 가지 방법 중 어느 하나에 집착하지 않아야 한다"고 하고 있고, 영예과 치욕이라는 두 가지 방법도 상과 벌의 측면에서 보면 마찬가지이다. 요컨대 『동유교육』에서는 적절한 시기에 적절한 상과 벌의 적용을 제시하고 있는 점이 다른 점이라고 할 수 있다.

* 이상 부록: 『동유교육』 해제는 김귀성(2009), 「P. A. Vagnoni 저, 『동유교육』 해제」, 『한국교육사학』 31-1의 내용을 옮긴 것임.

역자 후기

이 역서는 바뇨니가 지은 한역서학서 중의 하나인『童幼教育』(1620)을 우리말로 완역한 것이다. 번역의 저본은 1620년 필사본이었다. 이 필사본 원본은 총 183쪽 분량에 해당된다. 그러나 1630년 선사성 강주에서 펴낸 목판본도 있다. 전자인 필사본은 타이완의 보인대학교 신학대학에서 영인해 낸 자료(*CCTZL2: Chinese Christian Texts from the Zikawei Library, 鐘鳴旦 · 杜鼎克 · 黃一農 · 祝平一 編,『徐家匯藏書樓明清天主教文獻』, 臺北: 輔仁大學神學院, 1996, Vol. 2)에 포함되어 있다면, 후자는 프랑스 국립도서관자료의 영인본(Chinese Christian Texts from the National library of France, 鐘鳴旦 · 杜鼎克 · 蒙曦 編,『法國國家圖書館明清天主教文獻』, 臺北: 臺北利氏學社, 2009, Vol. 2)에 포함되어 있다. 이 양자 간에 큰 차이는 없지만 전자인 필사본에는 서문이 있는 반면 후자인 목판본에는 서문이 없다. 그 밖에 약간의 글자 차이는 있지만 의미전달에 큰 무리는 없는 편이다.

저자인 바뇨니는 이탈리아 태생의 전교사로 생애의 대부분을 중국 선교에 헌신했다. 그가 이 한역서학서를 펴낸 것은 남경교난 이후 1620년경 그의 나이 54세 즈음이었다. 따라서 그가 중국에 온 지 15년 만에 많은 한역서학서를 저술했다는 말이 된다. 비록 현지 지식인들의 도움을 받긴 했지만 외국인으로서 현지 적응에 언어적 · 문화적 차이 등 적지 않은 어려움이 있었을텐데도 직접 필사본으로 저술했다는 점에서 놀랍다.

바뇨니가 한역서학서를 저술한 배경은 중국에 파견되어 활동하는 다른 선교사들의 사례와 크게 다르지는 않다. 선교사들이 중국 선교의 전략적 접근이라고 할 수 있는 이른바 적응주의 노선은 합유(合儒), 보유(補儒), 초유(超儒)의 과정을 전제로 한 것이었다. 그런 과정에서 때로는 문화적 갈등을 겪기도 했다. 이 서학서를 번역하게 된 계기는 2001년 『17세기 조선에 소개된 서구교육: 알레니의 서학범, 직방외기』를 번역하고 논문으로 완성하면서부터이다.

이들 자료를 번역하면서 우리나라에 근대교육을 서구 교육의 도래로부터 본다면 과연 근대교육의 분기점을 어디에 두어야 할 것인가의 화두가 조금 풀리는 데 실마리를 제공받았다. 실제로 한역서학서인 『서학범』과 『직방외기』는 직접적으로 서구 교육에 대한 소개 내용을 담고 있기 때문이었다. 뿐만 아니라 국내에서 이들 자료에 대한 말하자면 서구 교육에 대한 비판서인 『西學辨』(1724)도 등장한 바 있다. 이런 자료는 비록 제약이 없지는 않지만 서구 교육에 대한 유가 성리학적 입장의 비판적 담론이라고 볼 수 있다.

그로부터 다른 자료를 하나둘 접하면서 외규장각 문서를 통해 우리나라에 적지 않은 한역서학서가 전래되었다는 사실도 확인하게 되었다. 다만 아쉬운 것은 소각령(1791)과 사화 및 전란에 의해 그들 자료가 국내에 남아 있지 않는 사실이었다. 부득이 중국 현지의 대학도서관, 홍콩, 타이완 등지에도 우편으로 또는 이메일로 확인을 부탁해 보았으나 아무런 답변을 얻지 못했다. 항주대학의 周谷平 교수는 『近代西方教育理論在中國的傳播』(1996)라는 저서를 낸 바 있어 그녀에게 자문을 구했지만 역시 원자료를 얻는 데 한계에 봉착했다. 이렇게 차일피일 적지 않은 시간이 흘렀지만 별다른 진전이 없었다.

그 후 타이완 문화공보부에 근무하는 오랜 친구인 劉明良 선생으로부터 2008년 대북의 輔仁大學(FuRen University, TaiPei)으로부터 영인본이 간행되어 있다는 소식을 접했다. 곧바로 영인본을 접수하여 이를 읽고 번역하기 시작하면서 2009년 이를 논문으로 발표하기도 했다. 그러나 당시 번역은 매우 성글고 부끄러운 수준이었다. 더욱이 번역을 어렵게 만드는 것은 외국인명, 지명 등 외국어를 한역한 것들이었다. 정확하게 말하면 명말 청초의 한어 표기법에 따라 외국어로 된 인명, 지명을 한어로 옮긴 것을 확인하는 일은 난관 중의 난관이었다. 물론 이런 표기법은 현대 한어와는 일정한 거리가 있다. 따라서 정확하게 로마자로 확인하고 옮기는 데 여간 고난스런 일이 아닐 수 없었다. 뿐만 아니라 성경이나 중국 고전에서 인용한 것들 역시 확인하는 것이 결코 쉽지만은 않았다. 이들 역시 성경에서 그대로 옮긴 것인지 출처가 정확하지 않기 때문이었다. 당시 역자가 근무하는 대학에 수학 중이던 중국 유학생들은 이런 고통스런 번역 과정에 큰 도움을 주었다.

이런 번역의 보람을 조금 확인하게 해준 것은 이 한역서학서가 우리나라를 포함하여 중국 등 동아시아 사회에 서구의 아동교육을 소개한 자료로는 보기 드문 사례가 된다는 점이다. 뿐만 아니라 동서 간에 아동교육에 대한 논의, 교류가 이루어진 증거가 되기 때문이다. 대체로 우리나라에 서구식 아동교육이 소개되거나 실시된 것은 개화기 또는 일제강점기로부터 보는 것이 일반적인 시각이다. 그런 점에서 이 한역서학서 자료는 15세기 이래 구라파 사회의 아동교육의 전말을 이해하는 소중한 자료로 이해될 수 있다.

전통적으로 우리나라의 아동교육을 지배해 온 유가의 교과서로는 주자의 『소학』을 든다. 그런데 바뇨니도 『소학』을 보았다고 언급하고 있다. 나아가 이와 부분적으로 일치하다고 하여 높이 평가하기도 했다. 그럼에도 불구하고 이 서학 자료는 서구 윤리학과 기독교 문화에 기초를 두고 아동교육을 전개하고 있는 것은 분명하다. 이 점이 한계라면 한계점이라고 볼 수도 있다.

여하튼 이 한역서학서는 15세기 이후 서구의 아동교육의 전모를 이해는 데 중요한 자료라고 말할 수 있다. 이 자료가 동아시아 사회에 널리 유포된 것도 확인되었다. 다만, 정치사회적 제약으로 일정한 한계는 없지 않았지만 한역서학서가 당시 동아시아 사회에 끼친 영향을 통해 충분히 짐작할 수 있다.

그래도 번역하는 과정에서 오탈자로부터 잘못 옮긴 부분, 불충분한 역자 주 등의 모두에 대한 책임은 역자의 몫으로 남길 수

밖에 없다. 독자 여러분의 질정을 구할 뿐이다.

끝으로 이 번역서를 내는 데 고마운 마음을 전하지 않을 수 없을 것 같다. 먼저, 요즘 출판계의 어려운 여건에도 불구하고 이 한역서학서를 우리말로 옮겨 세상에 빛을 보게 해주신 북코리아 출판사 이찬규 사장님을 비롯하여 편집진 여러분들의 노고를 잊을 수 없다. 이 자리를 빌려 그분들께 고마운 마음을 표하고 싶다.

그리고 힘들고 어려운 작업을 뒤에서 말 없이 지켜봐 주고 힘이 되어 준 내자 오덕신과 가족들에게도 고마운 마음을 전한다. 끝으로 번역하는 과정에 많은 조언과 도움을 준 한문교육과의 이의강 교수님을 비롯하여 당시 중국 유학생들, 목사님들의 조언 등은 그 고마움을 역시 잊을 수 없어 여기 적어 감사의 뜻을 전해본다.

2015년 신용골 서가에서

옮긴이 삼가 쓰다

참고문헌

P. A. Vagnoni,「童幼教育」上下卷, 鐘鳴旦外,『徐家匯藏書樓明淸天主敎文獻』, 臺北: 輔仁大學神學院, 1996.

______,『齊家西學』1. 2卷. 鐘鳴旦外,『徐家匯藏書樓明淸天主敎文獻』, 臺北: 輔仁大學神學院, 1996.

鐘鳴旦 · 杜鼎克 · 黃一農 · 祝平一 編,『徐家匯藏書樓明淸天主敎文獻』, 臺北: 輔仁大學神學院, 1996, Vol. 1, 2, Chinese Christian Texts from the Zikawei Library.

鐘鳴旦 · 杜鼎克 · 蒙曦 編,『法國國家圖書館明淸天主敎文獻』, 臺北: 臺北利氏學社, 2009, Vol. 1, Chinese Christian Texts from the National library of France.

『外奎章閣奉安册室寶譜略誌狀御製筆及藏置書籍形止案』, 乾隆47, 正祖 6년, 1782.

곽성기,「조선조 소학의 교육적 연구」, 원광대학교 대학원 석사학위논문, 1989.

금장태,『조선후기 유교와 서학: 교류와 갈등』, 서울대학교 출판부, 2003.

김경숙,「조선조 소학교육에 관한 연구」, 교원대학교 대학원 석사학위논문, 1994.

G. Aleni(김귀성 옮김),『17세기 조선에 소개된 서구교육』, 원미사, 2001.

김귀성,「P. A. Vagnoni 저,『동유교육』해제」,『한국교육사학』31-1, 2009.

______,「J. Alleni 저, 한역 서학자료가 아시아 교육에 미친 영향」,『한국교육사

학』 21, 1999.
김기철, 「시경에 보이는 존통혼례와 한중양국 전통혼예 간의 연변연구」, 『중국학연구』 37-1, 2003.
김길중, 「조선 초기 사림의 소학교육사상연구」, 교원대학교 대학원 석사학위논문, 2002.
김성학, 『서구교육학 도입의 기원과 전개』, 문음사, 1996.
김옥련, 『유아교육사』, 정민사, 1983.
김용재, 「전통유가철학에서의 자녀교육론」, 『양명학』 13, 2005.
나선엽, 「소학의 체제와 내용 구성에 관한 연구」, 인천교육대학교 교육대학원 석사학위논문, 2001.
박종은, 「소학의 연구동향과 과제」, 『교육연구』 20, 2006.
박종황, 「조선시대 소학공부의 연구」, 교원대학교 대학원 석사학위논문, 1999.
서울대교육연구소, 『교육학용어사전』, 하우, 1994.
______, 『교육학대백과사전』, 하우, 1998.
성백효 역주, 『小學集註』, 전통문화연구회, 1993.
신동운, 「주자의 소학 교육관 연구」, 연세대학교 대학원 석사학위논문, 1997.
오석종, 「소학의 덕교육론 연구」, 서울대학교 대학원 석사학위논문, 1999.
윤주영, 「중국본서학서의 한국전래에 관한 문헌적고찰」, 전남대학교 대학원 석사학위논문, 1998.
이경자, 「소학에 나타난 효경 사상의 현대교육적 의의」, 고려대학교 대학원 석사학위논문, 2000.
정병용, 「조선시대 초학교재로서의 소학내용 분석」, 교원대학교 대학원 석사학위논문, 2001.
정정기, 「『소학집주』, 『소학집주증해』, 『소학질서』 및 『소학지언』을 통해서 분석한 성리학의 부부관」, 서울대학교 대학원 석사학위논문, 2000.
조지 톰슨(조대호 역), 『고대사회와 최초의 철학자들』, 고려원, 1992.
조현규, 「소학의 도덕교육서로서의 문제점과 한계」, 『교육철학』 28, 2005.

朱憙(劉淸之 엮음, 윤창호 옮김), 『小學』, 홍익출판사, 1999.

진동원(송정화 · 최수정 옮김), 『중국 여성 그리고 역사』, 박이정, 2005.

최소자, 「명청시대 서학수용에 관한 연구」, 이화여자대학교 대학원 석사학위논문, 1982.

최한수, 「한국의 옛 유아교육 탐색」, 『한국교육사학』 24-2, 2002.

최현정, 「소학의 사상연구」, 울산대학교 교육대학원 석사학위논문, 2007.

편지원, 「중국의 혼인법 연구」, 『사회과학연구』 6-4, 1999.

홍순정 · 곽노의 · 정미라, 『아동교육사』, 한국방송통신대학교 출판부, 2004.

위영민(김덕삼 · 이경자 옮김), 『현인들이 말하는 효』, 시간의 물레, 2005.

畢城(김덕삼 · 이경자 옮김), 『중국의 전통 가정교육』, 경인문화사, 2005.

朱熹 撰, 明 陳選 集註, 「御定小學集註」, 『欽定四庫全書』 子部, 1727.

許文正公(許衡), 「小學大義」, 『欽定四庫全書』 集部, 魯齊遺書 卷3.

高祖敏明, 「艾儒略 G. Aleni 著 『西學凡』の 教育的 硏究」, 『日本の教育史學』17, 1974.

金尼閣 著, 何高濟 等譯, 『利瑪竇中國札記』, 北京: 中華書局, 1983.

田正平, 『中外教育交流史』, 深圳: 廣東教育出版社, 2004.

張學强, 『明淸多元文化教育硏究』, 北京: 民族出版社, 2006.

雷良波 · 陳陽風 · 熊賢軍, 『中國女子教育史』, 武漢: 武漢出版社, 1993.

吳洪成, 『中國小學教育史』, 太原: 山西教育出版社, 2006.

廖其發, 『中國幼兒教育史』, 太原: 山西教育出版社, 2006.

何成 · 党明德, 『中國家庭教育』, 濟南: 山東教育出版社, 2005.

馬鏞, 『中國家庭教育史』, 長沙: 湖南教育出版社, 1997.

孫尙楊, 『基督教與明末儒學』, 北京: 東方出版社, 1994.

馬相伯, 「童幼教育 跋」, 『上智編譯館館刊』, 1948.

苗春德, 『宋代教育』, 開封: 河南大學出版社, 1999.

韓鍾文, 『朱熹教育思想硏究』, 南昌: 江西教育出版社, 1989.

周燮藩, 『中國的 基督教』, 北京: 商務印書館, 1997.

劉咏聰,『中國古代的育兒』, 北京: 商務印書館 國際有限公司, 1987.
徐宗澤,『明清間耶蘇會士譯著堤要』影印本, 上海: 上海書店, 1949.
山下龍二,『大學 · 中庸』, 東京: 集英社, 1973, 59쪽.
肖朗, 近代西方教育導入中國之探源,『河北師範大學報』1999, 第1期. 1313-1319.
______,『童幼教育』, 與明清之際西方兒童教育思想的導入,『浙江大學學報』, 35-5, 2005.9, 85-93.
張耀南, 簡論晚明西洋哲學之輸入,『北京行政學院學報』, 2012년 第3期, 122-128.
戚印平,『東亞近世耶蘇會史論集』, 臺灣大學出版中心, 2008.

찾아보기

ㅌ

ㅊ

ㅋ

ㅌ

ㅍ

ㅎ

저자 **알폰소 바뇨니**(P. A. Vagnoni)

1566년 출생. 중국명 고일지(高一志), 고칙성(高則聖) 등이 있으며, 이탈리아 트라파니(Trapani, 特羅法雷洛) 출신, 예수회(Jesuit Society) 전교사이다. 1605년 중국에 도착한 이후 1616년부터 1624년까지 남경교난을 겪었으며, 1640년 강주(絳州)에서 사망하였다. 저서로 『수신서학』, 『제가서학』, 『치국서학』 등 15종이 있으며, 이 중 아홉 종이 조선에 전래되었다.

역자 **김귀성**

원광대학교 원불교학과 · 교육학과를 졸업하고, 고려대학교 대학원 교육학과 석 · 박사 학위를 취득하였다. 현재 원광대학교 사범대학 교육학과 교수로 재직 중이며, 한국종교교육학회 회장을 역임하였다.
저서로 『학교에서 종교교육의 이해』(문음사, 2010), 『인성교육론』(공저, 양서원, 2008), 『교육과 교육학의 이해』(공저, 형설, 2006), 『동아시아 근대교육사상가론』(공저, 문음사, 2004), 『타오싱쯔 생활교육론의 전개』(문음사, 2002), 『현대교육사상』(공저, 학지사, 2001), 『教育のなかの宗教』(공저, 新書館, 1998)가 있으며, 역서로는 『전통 중국교육철학의 이해』(공역, 원미사, 2014), 『17세기 조선에 소개된 서구교육』(원미사, 2001), 『생활이 바로 교육이다』(내일을 여는 책, 1996), 『전환기의 종교』(공역, 원광대학교 출판국, 1986) 등이 있다.